阿姨，我不想努力了!?

那些勵志書不會告訴你的人生真相

代序・阿姨是誰？以及如何成為阿姨的小狼狗？

文／穆通安

阿姨是誰？此阿姨不是彼阿姨。彼阿姨所欲求的是一具不想努力了的年輕肉體，此阿姨欲開啟的是一名武德充沛的年輕武士。

此阿姨也不是珠光寶氣的富婆，而是其貌不揚、老氣橫秋，但充滿睿智，可以滔滔不絕、嘴巴裡流淌出咒語般天書，充滿難懂的概念和典故，江湖稱之為阿姨的中年大叔，大名叫劉仲敬。假如你充滿人生困惑，而且願意支付十五美金給他，就可以提出一個問題，而阿姨的開示往往出乎你的意料之外，醍醐灌頂，讓你返璞歸真，面對真實的自己。此阿姨眼中，人生不是媽的多重宇宙，而是最為硬核的階級提昇。

所以，這本書確實是會提升你階級地位——因為政治不正確，我改為社會地位好了——的人生路引。你如果自視擁有充沛的體能和武德，是一頭勇敢的小狼狗或中年狼狗，想踏上成功之路、並最終擁有成功，就不必猶豫不決，而是去大膽敲敲阿姨的大門吧，此阿姨幾乎坦誠無私地敞開自己等你來。

不想努力的人冀望阿姨能給予的，除了金錢，還有許多的「享樂」，諸如PS5、iPhone13、摩托車等等，比起一般所認知的男人理應追求社經地位，這些「玩具」，更象徵的是一個永遠長不大的男孩。但此阿姨的目的，是讓你成為一名真正強大的男人。你不會得到PS5，但是此阿姨會讓你擁有「充沛的德性」。

此阿姨所謂的成功，不是世俗意義上如何獲得權力和財富（升官發財），而是成為土豪。土豪是可以輸出秩序，像一塊溫潤有德的玉一樣，把某種能量、魅力穩定散發出去的男人；像一盞明燈一樣照亮他人，是一個社群渾然天成的核心；是桃李不言，下自成蹊。

成為阿姨的狼狗並不是一件容易的事情。你要先把那些市場上流行的五色亂你眼、五音迷你耳的各種政治上非常正確的觀念泡沫沖洗掉，找到像一團蒸汽籠罩下的核心火車頭，你也要保持一顆赤子之心，回到生活常識和基本邏輯，尤其要放棄白左灌輸給你的和匪諜洗腦於你的那套說辭。

市場上各種勵志的心靈雞湯，在此阿姨眼裡不過是一盆洗腳水。大音希聲，最食而不厭的其實是蘿蔔白菜。此阿姨告訴你的，都是被應試教育、各種成功學所掩蓋的基本常識和鄉下老祖母隨口說出的人生箴言。

我親眼看到一個個中產階級小狼狗五體投地、拜倒在阿姨腳下。他們幡然醒目，放棄了世俗意義上的各種努力，回到了阿姨醍醐開示給他們的人生最根本問題。最後他們結了婚、走進了教堂、拿起了武器、承擔了責任；放棄了愛人類、丟下了一無是處的課本和各種公務員考試、找到了自己的興趣和本能、不再追求短暫的享樂、更愛他的家人、致力於生養更多孩子。他們拉長了改造自己的時間線。

彼阿姨希望得到你的愛，此阿姨需要你為自己付出更多的愛。你繼承你祖輩的遺志，要為你的子孫提升他們起始的位置，這裡面沒有愛根本無法運作。沒有這種愛，你也不會愛你想發明的民族。此阿姨很殘酷，他的系統逼迫你面對一個自身貧乏無力的事實：你沒有辦法自己一個人撐起一個文明的生榮枯滅，你沒有辦法孤身一人抵抗虛無。

但並非每一個人都可順利服用阿姨的人生哲學。你要小心服用，但一旦服用就像中藥湯一樣須服用多次。看第一遍或許有如霧裡看花，甚至第二遍依舊覺得他在胡說八道，但是你最終會在第N遍後突然開悟，然後你可以把這本書丟進垃圾桶裡了，因為你已經得到了PS5，而且和阿姨融為一體。

「阿姨我不想努力了！」

「不，你必須更努力才配得上阿姨！」

目次

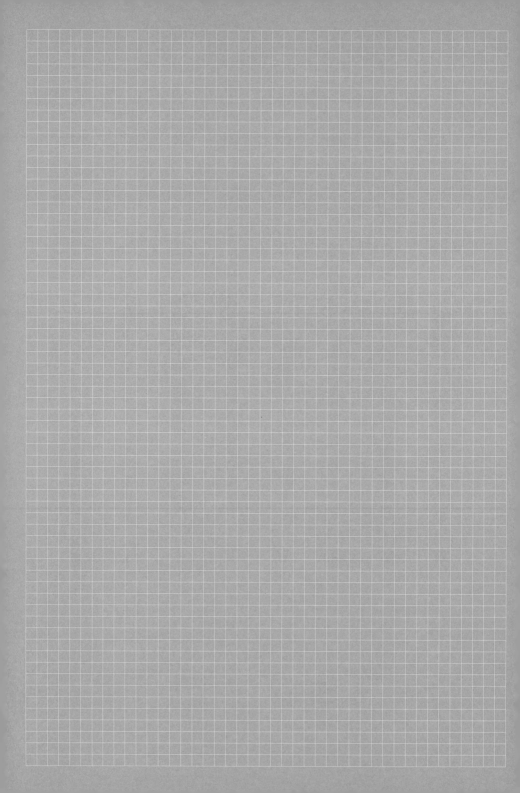

01

唯一可靠的祕訣
就是要善於投胎

Q1．您有什麼養生祕訣或是有利於身體健康的建議？

唯一可靠的養生祕訣就是要善於投胎。如果你投胎投到了正確的家庭上面，那其他方面你就不用太操心了；如果你很不幸的，投到一個祖祖輩輩都是五十歲左右患癌症的家庭的話，那基本上就沒有什麼能起作用的健身方式。

英國哲學家羅素曾經說過，他之所以長壽，主要原因是因為他投到了正確的家庭裡面。羅素家族的歷代都是長壽，只有一個人例外，因為那個人患了一種很罕見的疑難雜症——就是說他的腦袋被國王砍掉了。除了諸如此類的事情，再加上車禍以外，起決定作用的總是你的遺傳素質。

Q2．對於整天拿啤酒當水喝的年輕人，有什麼健康上的建議？

如果到現在為止你都還沒有長胖的話，那就很不錯，就可以說明你的代謝結構是屬於那種很不容易長胖的類型。一天到晚喝啤酒，正常情況下，對於大多數人來說的話都是很容易長胖的，尤其是對東亞型的那種歷史上經歷過大饑荒的種族來說。

如果你在這種情況下都沒有長出啤酒肚子的話，那你就是屬於比較得天獨厚的基因型了。而且還可以間接推論，你這個基因型的早期可能是來自於蠻族或者是其他什麼來源，也就是屬於那種沒有經過大饑荒、有食人族祖先的可能性比較小的那種類型。當然，如果你已經長出啤酒肚了，那就很令人遺憾了，你可能是食人族的後代、祖先可能經歷過大饑荒，無論如何你除了不再繼續喝下去以外也沒有別的辦法了。

Q3．常感覺自己對物質沒有慾望了，有時候會覺得很空虛，現在只想要追求內心的平和，請問該怎麼做？

你可以吃素。降低蛋白質和脂肪的供應量，是清心寡慾的一個非常重要的條件。儘管它既不是充分條件也不是必要條件，但是從經驗上來講，這種做法對很多人都會生效。

很多人不能清心寡慾，是因為吃肉太多、體力太強的緣故。如果你時常處在半饑餓狀態、血液中的含鐵量很低的話，你會產生很多類似清心寡慾的性格特徵。這種性格特徵在血液的含鐵量和激素含量發生變化的時候，是會自動消失的。含鐵量是件非常關鍵的事情。

Q4．改變生活習慣是否會潛移默化地影響價值觀？生活習慣這種事，哪個層次是可以改變的，哪個層次是很難改變的？調整作息時間、加強個人衛生，算哪個層次？

當然會。所有的生活習慣暗中都跟價值觀的某一個層面是相通的，而且它是價值觀的實際部分。你與其做知識分子那種玄想，還不如做一點儒家學者稱之為灑掃應對、禪宗學者稱之為砍柴擔水的那種事情，那種事情才是靈修最核心的部分，也是真正能起作用的部分。

當然，只要它是你的習慣，任何一個層面改變起來都是非常困難的。習慣之所以形成都是有它自己的道理，它本身就是一個能夠自行運轉的子系統。至於哪個層面的習慣更頑固，那是看你自己的。同樣一個子系統在不同的大系統當中，它的關鍵性是不一樣的。在一個大系統中起關鍵作用的子系統，在別的大系統當中只是起無關緊要的邊緣作用。

Q5．對於錢多到花不完的人，您有什麼建議？

首先要儘快把錢轉到國外，特別是要轉移到英語國家，使用普通法系的國家。只有在這些地方，財產才能夠得到安全保障。

第二就是要進行分散投資，分散投資至少要分為三個部分：第一部分要投在盈利機會不大，但是非常穩妥的項目，例如美國國債和房產，這樣的項目可以保證長時間保值；第二部分要用在升值可能性大，在未來投機機會比較大的項目上，例如用在日本的軍火公司和精密器械製造產業上面；第三部分要用在有助於你融入當地社會，同時提高自己無形資產和軟實力的專案上面，例如用來資助當地教會和慈善組織，建立非盈利性質的基金會。

Q6．經常喜歡買一些昂貴但又用不上的物品放在家裡生灰塵，導致自己常常在月底陷入財務危機。請問該如何治療剁手症？

時間線的長短、延遲滿足的能力大概是天生的，很可能在嬰兒時期就已經注定了，以後不會改變。人在嬰兒時期延遲滿足能夠延遲多長時間，跟他成年以後的階級地位對比，基本上是兩相一致，很少出現例外，所以這個東西可能是改不了的。

雖然我不完全知道延遲滿足的能力到底是純屬遺傳呢，還是除了遺傳以外還要受子宮環境、嬰幼教育或者其他因素的影響，但是我相當肯定，嬰幼兒時期以後，這個時間線就已經改不了了，也就是說，實際上你在小學這個年齡段，你將來可能達到的最高階級地位就已經確定了。

破壞性的措施可以使延遲能力極強、本來可以升到高階級的人升不到高階級，在中途被打斷，但是沒有辦法把延遲能力時間線很短、注定只能做無產階級的人扶上高階級。他就是上去了，也會像王洪文、華國鋒之類的人一樣迅速地倒下來。

Q7．頭腦混亂時該怎麼辦？

所有人的頭腦都是混亂的。如果你要想給人留下一個頭腦不混亂的印象，或者是想要在某一些具體的事情上比較有條理的話，那你得首先給自己確定一個目的。在目的不能確定、或者是有很多相互衝突的目的的情況下，那就得給目的排一個優先順序。

優先順序排出來以後，就可以為了較大的目

阿姨教我的 25 堂人生課

Lesson 1 ▶ 了解自己的階級地位

什麼是你的階級地位？就是你感覺到最輕鬆、最舒適的地方，一舉一動都可以僅僅運用本能而不需要運用大腦的地方。在這個地方，你就處在你的最適階級地位。任何人離開了自己原有的階級地位，對他自己和他周圍的人都是一個潛在的危險。

的而犧牲較小的目的。最根本的目的出現以後，就可以根據這個目的來調整自己的行動和思路。

Q8．我在一些情況下會神遊出去，腦子裡面會想到之前讓我尷尬、後悔，或者覺得沒處理好的事情，然後就會情不自禁大喊「我是傻逼」。我想問，這是什麼情況？

所有人都會神遊，而且神遊的內容大多數都是些片段的思緒，甚至不是思緒，而是形成思緒的那些碎片式的原件，因此是沒有辦法複述的。你能夠記起來的那些片段和內容，那已經是神遊過程當中比較規範、比較成體系的東西。

你如果仔細地想一下你一天醒著的時候在想什麼，你會發現，真正成型、整整齊齊的思維，比如說是我要去做這件事情，應該怎麼做，一步一步推理好的這個思維，只占你思維時間的極小一部分，你大部分時間其實都處在神遊或者準神遊狀態。而且神遊或者準神遊形成的那些情緒或者是環境條件，對你那些成型的思維其實是相當重要的。可以說，沒有這個基礎的鋪墊的話，你那些成型的、整體的思維就不會像現在這個樣子了。

當然這樣做也是有點危險性的，像居禮先生那種情況，走在路上就被馬車撞死，估計他當時就處在神遊狀態，腦子不知道想到什麼地方去了，然後馬車開過來他也看不見，結果就被撞死了。跟他有類似死法的人大概不算太少，只是大多數這樣死的人沒有像他那樣有才華和名氣，所以大家都不注意了。

其實這種現象是人類的自然狀態。只有集中注意力的能力非常差，在非要做事不可、需要集中注意力的時候集中不了，那才算不正常。沒有非做不可的事情，本來就處在安靜狀態下，思維分散開去神遊，那是每個人都有的，再正常也不過的事情，而且多半是大腦正常功能所必不可少的。

Q9. 哪類人適合摩托車？本田、川崎、鈴木、山葉的摩托車哪個比較好？

本田比較通用，山葉比較萌，鈴木比較精緻，這就看你自己喜歡了。一般來說，比較追求特立獨行的人可能會更喜歡山葉，比較追求實用性的人可能會更喜歡本田。當然，使用摩托車的人一般來說都不是正常人，現在尤其是這樣。

在一九八〇年代當中可能有一段時間是正常人也使用摩托車，但是現在可能沒幾個正常人想要買摩托車了。摩托車既不安全也不舒適，裝逼價值又很差，不像是汽車或者馬車那樣有很多裝飾性的部件可以用來展示逼格。所以無論在任何地方，摩托車最好的也是一個沒有殼子的汽車，只能用在那些對裝逼學研究不夠深的年輕人身上。如果他已經是財大氣粗的中老年人的話，對裝逼學的研究就會比較精深一些。從品牌的角度來講，摩托車的品牌顯然也是要比汽車和馬車少得多，可以發揮的餘地更是非常之少。當然最重要的就是它的不安全性，它的不安全性很可能是使它留在不良少年手中的主要原因。

摩托車最適合的對象就是那種地位不是很高、剛出茅廬不久、但是還有一定的機會發跡的江湖社會少年。他們比較適合於拍成電影，但是編成話劇就不行了。

如果讓您任選一國一城生活，您會選何處何地？對於二十多歲尚未鎖

定路徑的年輕人，又有何建議？

也許會選台南，也許會選京都附近的某一個小鎮。盡可能的按照你自己最初的衝動去做，這樣即使你失敗了，至少也沒有白白失敗。如果違背自己內心的衝動、按照別人的方式去生活，那你失敗以後，那就是真正完全失敗了。

Q11．如果可以選擇投胎，您希望出生在哪個國家、哪座城市？

艾德華王子島或者是緬因州的鄉鎮，找一個人口在五百人到五千人之間的鄉鎮。在這樣的鄉鎮裡面，可以過上像《清秀佳人》（Anne of Green Gables），那樣的小說中所描繪的那種田園牧歌一樣的生活。

你不需要有特別的智力或特別的才能，就可以相當輕鬆的度日了。而且你的絕大部分鄉鄰都是那種品行非常淳樸的人，大多數鄉鄰在幾代人之內都居住在那裡，沒有離開過，而且也沒有必要離開。州政府甚至聯邦政府對你來說基本上是不存在的。對於你來說，加拿大那些政客只是玩笑而已，自由黨或者保守黨的競選幹事相對於你的智力來說，只是一幫非常呆鈍的人，但好在他們做事還很講原則，所以你也不用擔心他們危及你自己的利益。

Q12．缺乏社會關係和共同體的人是軟弱無力的，您對於選擇過清心寡慾的隱士生活的人有什麼忠告？

隱士很可能會構成另一種共同體的核心，因為隱士就是拒絕了原有的社會關係。如果隱士是真正有德性的人，那麼這個德性不會因為他自己主觀的選擇退出社會而消失，相反，他退出社會的行動本身，就會把他變成另一種形式的凝結核，吸引許多跟他有類似價值觀、對現實社會不滿的人，選擇與他類似的方式退出社會，這種退出的行動本身就會構成另一種社會集結的種子和信號。

實際上，基督教和伊斯蘭教社會都是以隱士和退出的方式，集結成為新的強大社會。而這個社會在形成的過程中間，引起了原有社會的不滿，以至於他們退出的行為被原有的社會視為一種宣戰的行動，結果退出變成一種革命性的重建。

Q13．對於困居荒野的人，您有什麼建議？

文明是一系列細小的習慣，每一個細小的習慣都要依靠周圍環境的細微回饋。你困於荒野的時候，這些細微回饋就會漸漸消失。

最初你的習慣還能夠保持，但是漸漸的，因為得不到適當的回饋，你就會發現，回饋消失的時候，維持原有習慣的動力就會消失。而每一個習慣都需要消耗一點精神能量，在得不到適當回饋，也就是說得不到適當獎勵的情況下，這樣的習慣就會一點一點退化和消失。隨著習慣一點點消失，你就跟周圍的自然融為一體，也就是說漸漸的野獸化了，漸漸的你會連說話的聲音都變得嘶啞嘈雜。你以為你仍然能夠說原有的語言，但是經過幾年或者是更長的時間以後，你的嗓門已經變得跟野獸差不了多少，那時候你再回到文明世界，周圍的人已經聽不懂你說話了。

Q14・在國外住開放式的街區比較好，還是封閉式的社區比較好？

這個是要看地方的。在某些以藝術和文化為存在品牌和存在價值的地方，開放式社會是比較好的，因為它的生命在於流動性，為此付出一定代價也是值得的。但是如果你不是藝術家也沒有藝術天分，並且對共同體的存續很關心的話，那就不如封閉式的社區好。

封閉式的社區是正常現象，那個封閉就相當於是一個細胞上的膜，沒有膜就沒有細胞。細胞裡面那些東西，蛋白質氨基酸什麼的，都沒有什麼特別的，但是如果沒有膜的話，它就跟原始營養湯沒有什麼區別，不可能產生出後來的演化了。

阿姨教我的 25 堂人生課

Lesson 2 ▶ 人際交流很重要

人性是一個流動性的過程，它需要不斷地跟其他人接觸，從外界輸入資訊，然後根據這個資訊調整自己的資訊，用無數細微的修正來保持雙方之間的連接和搖擺。如果這個聯繫中斷了，那麼自己的路徑越來越偏、外界輸入的資訊越來越少的話，原有的人性大部分也就不存在了。

共同體最核心的部分就是那層膜，區別自我和外界的那層膜。至於那層膜本身是什麼，那還是第二位的問題。正常的社區必須有那一層膜，然後才能有下一步的發展。

Q15．您認為美國哪些州在未來值得定居？

這要看你喜歡哪種環境，你是哪種人。有些人到美國的目的是喜歡空曠的環境和壯觀的風景，例如對於他們來說，像大峽谷那種地方才是真正的美國。如果都住在密密麻麻的城市裡面，那你為什麼不去香港、新加坡或東亞的任何地方呢？美國最繁華的城市也沒有東亞城市的密度高。

如果你喜歡這樣空曠的環境和自然景色的話，那麼中西部各州是最好的，但是這兒沒有海景；西北部的人口密度也很低，也相當空曠，但是可以靠海邊。但是你如果需要很密集的人際關係的話，那麼除了紐約和加州以外，可能其他的地方都不符合標準，只有這些地方才勉強符合華人社會當中許多人所希望的那種溫暖的社交、密集的感情。

Q16・穿什麼品牌的衣服最能彰顯尊貴的身分？

這個問題就相當複雜了。我自己最喜歡的服裝是愛德華七世一朝的騎馬裝——絲綢襯衣、淺色的西裝、黑色的騎馬裝，這樣顯得非常英俊，同時又顯得足夠隨便而不失親切。但這當然不是唯一的組合。英國貴族的服裝組合是非常複雜的，最好的瞭解方法就是去看看那部著名的電視連續劇《萬能管家》（Jeeves and Wooster），它的原型是伍德豪斯（Pelham Wodehouse）的小說。

伍德豪斯在第一次世界大戰以前寫過很多描寫公學子弟性格行為作風的小說，從那裡面透露出很多細節，你就可以看出當時人是怎樣打扮的。或者比較廉價一點，就可以看看《唐頓莊園》，但是《唐頓莊園》已經是一個比較摻水的版本了，遠不如《萬能管家》好。

Q17・穿什麼衣服、開什麼車，在多大程度上會影響您對一個人社會地位的判斷？

基本沒有影響。各人有各人判斷人的方式，有很多人能夠從一個人手指的動作或者是領帶的式樣判斷出很多資訊來。但我判斷人的話，就是憑他說的話和寫的東西，其他的資訊對我來說不重要。我能夠通過別人說的話或者是提供的文字判斷出他背後的隱祕動機，其中有很多資訊是階級性的，有了這個資訊以後，眼睛看到的那些東西對我就已經不大重要了。

至於這種模式為什麼會形成，我自己也不大清楚。我只知道我在很早以前開始，聽別人說一段話就能大體上做出一個判斷。但是只是看別人的話，基本上分別不出來。

Q18．您最中意哪種裝修風格？

極簡主義。太多的東西會使人感到疲憊。你在比較私密的環境中間需要的是資訊削減，讓你感覺到不需要太動腦筋，不需要有太多的資訊。洛可可式的波動越多，你下意識的就會感到越累，反而覺得不舒服，休息不好。人有的時候是希望有更多更新奇、更適當的刺激，但有些時候則希望刺激越少越好，而你休息的場所應該是刺激越好越少的地方。

Q19．哪種建築設計風格是您最欣賞的？

最美的設計始終是哥德式的。其他的風格也有它特殊的好處，但是給人的感覺總是天花板不太高。而且你要從直覺上來講的話，能給人最深刻印象、經久不褪、令人肅然起敬的建築物，算起來十個中間可能有七個、至少有六個是哥德式的。其他各種風格的建築加起來的話，也就只能占到剩下的三、四成。

Q20．如何評價健身？健身文化在社會上代表著什麼？

健身的符號性意義來自於階級性，也就是說在蠻族當中，武士是要打獵的，越是戰鬥力強，你打獵就越多，你的階級地位就越高。

所以來自於蠻族的君主，像英國國王、蒙古的可汗或者是滿清皇帝之類的，他們都是要定期打獵的，例如清朝的木蘭秋狩之類的。英國國王，像征服者威廉那些，他就要搞新森林這樣專門的地方，還要制定諾曼人的森林法，生怕普通老百姓闖進森林，把他的鹿都打光了，以後他進森林打獵的時候就沒有鹿可打了。

在這種情況下，健身這件事情是階級地位的標誌。平民不用打仗，因此他也就用不著去打獵，搞這些諸如此類的活動，這就說明他階級地位低。

但是在費拉社會恰好相反。即使你是出身平民，如果科舉成功、當上宰相以後，你第一件事情就是不用做任何體力勞動了。任何需要體力的事情都是階級地位低下的標誌。健身要麼就是武士的訓練和娛樂，代表了優越的階級地位，要麼就是勞動者不得不做的苦役和低賤的象徵，社會中間階級是很少健身的。希臘和羅馬的自由公民還參加奧運會，因為他們平時是接受軍事訓練而且經常要打仗的。歐洲貴族呢，則經常打獵，這跟他們的軍事義務是相一致的。

費拉社會的精英則把逃避運動看成他們階級地位的象徵，運動是最低賤的事情。所謂的健身，最好的健身方法就是保養，所以他們發明了各種通過食物、湯藥和其他方法靜養的方式，但是這些靜養的方式當中，鮮明的特點就是要避免運動。近代中產階級是模仿歐洲貴族，才把健身變成自己日常生活的一部分。

Q21．您如何看待寵物文化？

寵物是階級地位的體現，包括兩種情況。第一種情況就是老處女現象，意思就是，第一，你是紳士的女兒，第二，你挑男人的標準很挑剔，否則的話，你只要肯下嫁，紳士的女兒是不愁嫁不出去的。勞動階級的女兒的話則沒有多少自由，你根本就沒有不嫁人的自由，否則你就會餓死。所以你是老處女這件事情就說明你是紳士的女兒，同時也是一個眼光很挑剔的人，像簡．奧斯丁的小說所描寫的那樣。

但是人天生就有愛人的需要，長期不愛人的話，對心理上和生理上都有非常不利的影響。像聖經上所說的那樣，施比受更為有福，那確實是有科學依據的。在這種情況下，你就需要有像小貓、小狗這樣的東西來代替孩子，來寄託你的愛。所以這樣一來，寵物這件事情就變成了紳士的女兒的階級標誌了。

第二種可能性就是不限於性別本身，寵物本身就是有閒階級的產物。有閒階級的寵物馴養就跟男女性別沒有關係了，主要是一種發揮階級文化的裝逼行為。寵物本身是有血統的，而這個血統跟貴族自身的血統是有對應關係的。無論是馴鷹、馴馬還是馴狗，最主要的就是要鑒別血統。而鑒別血統像鑒別文章一樣，本身可以發展成為一種專門的學問，而這個學問就是體現逼格的一種方式。

所以有閒階級的寵物文化，從本質上講是貴族文化的一個延伸，它會進一步的由大樹產生小的分支，由小的分支產生更小的分支，因此寵物本身也就產生了複雜的階級性。這種寵物不像是老處女的寵物，只是一個寄託愛心的工具，而是自己就形成了一種配合人的階級的階級文化。

02

男人都是笨蛋，這是毫無疑問的

Q22．您如何看待早戀？作為家長該如何應對？

早戀是一種實習，你一開始就不跟異性打交道的話，將來是不可能學會得體的舉止的。任何事情，哪怕是騎自行車，都要經過實習的，實習的過程中間總要摔N次的。你如果事事管理，定一個很高的標準，定一個毛毛蟲必須像蝴蝶一樣的標準，要不然就不能讓它出殼，那樣的話它就永遠出不了殼了。

缺乏早戀經驗對以後是不利的，你不如讓他自己隨便去形成經驗。形成經驗的過程中當然要破裂N次，但那是無關緊要的。

Q23．男生是不是在感情關係裡容易醜態百出？

男人都是笨蛋，這是毫無疑問的。所有的女人都知道男人都是笨蛋，但是出於體貼或者其他各式各樣的原因，她有的時候不會跟你說。但是，女人不會因為一個男人是笨蛋或者她認為一個男人是笨蛋就不嫁給他，因為所有男人都是笨蛋，所有的太太都知道她的丈夫是笨蛋，而且知道他在哪一方面是笨蛋。

Q24．如何看待重男輕女？

騎士遵從女性，不是因為遵從女性本身，而是一種變著方式炫耀自己的強大。他的意思是說，女性是弱者，我打敗了女性或者是占了女性的便宜，那叫勝之不武；相反，我自始照顧女性，把弱者排在自己前面，就像是照顧殘疾人一樣，那恰好說明了我的強大，因為我不但能夠照顧別人，而且還能夠附帶著照顧弱者。

這其實也是一種變著法兒體現自己強大的手段，表面上看是遵從女性，實際上是高度自信和自豪的男性精神。另一方面呢，費拉社會是沒有騎士精神的。表面上看起來好像是在歧視女性或者是不太尊重女性，實際上他們反倒是比較男女平等的。像《兒女英雄傳》裡面的安驥就是這樣的，強盜來了以後，他瑟瑟發抖，一點兒辦法也沒有，俠女把強盜打跑了以後，他反而振振有詞的講起儒家的大道理來了。

當然先救妻子。妻子是你自己選擇的，母親又不是你自己選擇的。別人在你不存在的時候所做的選擇，你不需要承擔道德責任的；你自己做出的選擇，你必須要承擔道德責任。你如果放任妻子去死的話，那你就是違背了你在結婚當時許下的諾言；相反，在你自己還沒有存在的情況下，你沒有許下任何諾言。這兩者的道德風險是截然不同的。

我當然可以想像到，有很多費拉聽到這句話肯定會咆哮起來，而且我還敢大膽猜測，堅持說應該先救母親的那個人，肯定會堅決反對台灣獨立，而且也會堅持說要人走地留諸如此類的東西。這些諸如此類的理論背後，是有一條暗線暗通的。共同體是建立在契約之上的，你必須首先搞清楚你建立或者是加入這個共同體的時候需要承擔什麼義務，彼此對義務有清晰的認識，然後才有良好的憲法和政體。

人走地留的這個邏輯就是說：你跟你所在的共同體根本沒有什麼契約關係，或者說你們只是居民的關係，也就是碰巧住在那兒，住在那兒以前有什麼東西，儘管你沒有參加契約的簽署，也不打算參加契約的簽署，但是雙方之間仍然有一種說不清道不明的義務。就是說假定以前有人簽署了契約，儘管跟你沒有關係，但是你仍然要對這個契約負責；但是你自己簽署的契約，相對而言，效力反而是不如別人簽署的契約。這個根本就是歪理邪說。如果你按照這種歪理邪說的話，那你根本不可能製造憲法或者是任何有效的共同體。

Q26．由於家庭原因，我有一個男性朋友從小很少和女性接觸，所以現在每次和女生單獨相處，就會極度緊張激動以至於說出比較蠢的話。請問阿姨有什麼建議嗎？

這個沒辦法。所謂父母皆禍害，階級出身是無可救藥的，青春期以後就改不了了。在你現在說的這種年齡，基本上行為模式都已經進入下意識的層面了，沒有辦法。要改，最晚也得在十五歲以前，所以說階級出身非常重要。你自己能夠改的東西，即使不是在二十五歲以後，至少也是在十五歲以後。

Q27. 日本的演藝圈常常出現諧星配美女的情況，難道男性的條件真的不在外表的吸引力嗎？

跟《花花公子》匹配的雜誌在女性讀者當中一直沒什麼銷路，就已經很說明問題了。男人喜歡看美女是眾所周知的，但是從來就沒有過討女性歡心的美男雜誌能夠站得住腳的。所以，這個應該不是日本本身的特點。女人對男人的觀點跟男人對女人的觀點不是對稱的。

Q28. 「右派」應該如何找女朋友？有無必要三觀高度一致？

核心價值觀不合，早晚翻臉。內戰比外戰更危險，肯定耽誤雙方。如果當事人決斷力不足，那就只能做居士，不可能活出任何價值觀。價值觀體現於行動和生活方式，不是理論愛好。勉強敷衍，下場參見烏克蘭。女生不宜嫁給宗教信仰不同的人，男生不宜娶政治信仰不同的人。否則就會爆發誰吃掉誰的鬥爭，就算一方成功也不划算，不成功雙方都完蛋了。

Q29. 以前上中學時，常有校外的大學生甚至是工作的男人利用自己的各種優勢來勾引女中學生，單純青澀的在校男生根本無法與其競爭。這種相當於是利用秩序落差的非對稱競爭手段曾讓我十分鬱悶，您對此怎麼看？

這個是典型的階級鬥爭。階級鬥爭體現的最尖銳、最激烈的方面不是在金錢方面，而是在性方面。新娘流動的方向比其他任何進出口或者是法定的貢物都更能體現出階級鬥爭的方向，以及誰是上層階級誰是下層階級。沒有進入社會的年輕男性，基本上在所有的社會當中都相當於是不熟練工人這樣的最底層，他們必須早而積極的競爭才能夠進入較高的層次。

在不同的種族集團當中，例如像越南新娘或者是其他什麼諸如此類的流動方向，是指示性極強的。對於年輕男性來說，這個刺激等於是一種啟蒙，是使他意識到社會的階級畫分或者啄擊順序的一種有效的方式。

Q30.「男人靠征服世界征服女人，女人靠征服男人征服世界」，這句話要怎麼解讀？

女人很關心征服世界嗎？這是很可疑的事情。她所在的生態環境——或者應該說是頻道——就跟男人不一樣吧，她看到的世界更像是一個植物生長的世界，有價值的東西是生長出來的、培養出來的，很難通過武斷的動作來征服。

「征服」這種概念可能就不是女人的正常心

阿姨教我的 25 堂人生課

Lesson 3 ▶ 保持與文明社會的連結

文明是一系列細小的習慣，每一個細小的習慣都要依靠周圍環境的細微回饋；若不與文明保持連結，在得不到適當回饋，也就是說得不到適當獎勵的情況下，這樣的習慣就會一點一點退化和消失，最終你就會跟周圍的自然融為一體，也就是漸漸的野獸化、最終失去語言。

理。把男人當作戰利品、把世界當作戰場來爭奪的女人可能是受了男性文化的影響，用了一種她自己不大熟悉也不大能表示她自己切身感受的語言來說話。我認為女性的本能是更接近於原始豐饒的，非常不習慣於通過掠奪來取得世界，她心目中的財富是通過慢慢積累形成的。

Q31．究竟是找一個愛自己的人，還是找一個你愛的人比較好？

對女生來說，當然是要愛自己的人比較好，自己愛的人沒有愛自己的人好。最好是雙方都很相愛，但是如果不能兩全其美的話，與其找一個自己愛，但是對方卻不愛自己的人；不如要一個對方愛自己，但是自己卻不愛對方的人。

但對男生那是另外一回事。愛情在男生和女生的生活中所占的比重和類型不一樣，在這方面，男生的類型比女生要多得多。有很多男生是不太會把愛情太當回事的，所謂不太當回事，不是指的口頭上或者理論上不當回事，而是他自己的生活模式當中，這種事情影響不了他的整個生活，不足以對他形成具有路線性或者原則性的影響。

男生的類型比女生要複雜一些，因為女生對男生的索求是相對穩定的，而男生對女生的索求呢，則是變異度非常大的。一般來說，男性的變異度比女性通常要大得多，在所有方面都是這樣。女性更接近於鐘形曲線的最高值，也就是平均水準；而男性呢，分佈在更高端、更低端，各種極端的類型要多得多。在涉及愛情的問題上尤其是這樣。所以男性沒有一個十分固定的婚姻策略。

Q32．男女婚姻最核心的，是不是彼此的生活習慣協調一致？哪怕兩人價值觀針鋒相對，也還是誰也離不開誰？

價值觀和生活習慣能分開嗎？這兩者基本上是一回事，是相互創造、相互為用的。如果價值觀跟生活習慣相分離的話，那就說明你其實是一個知識分子研究者，你和你研究的對象沒有必然的關係。例如，耶穌會士研究伊斯蘭教，並不說明他是伊斯蘭教徒。知識分子可以持這種態度，但是大多數人都不是知識分子。

Q33．英俊年輕男性如何選擇配偶？是像華盛頓和穆罕默德一樣，選擇對自己有幫助且比自己年長的富裕寡婦類型；還是選擇自己喜歡的貧窮天真美少女（她啥都不懂，需要帶，所以也不能對自己心智提升有幫助）？

年輕男人選擇配偶，這種事情其實是沒有的。要麼是家族長老出於長遠利益為你選擇配偶，這是一種外交審慎的體現；如果是純粹的個人和個人之間的選擇的話，那麼掌握選擇權的一般是女性而非男性。有時候女性會出於照顧男性的虛榮心，讓男人以為自己是處在主動地位，是他在選擇；但是十之七八的情況下，男人自以為自己在進行選擇的情況下，是女人在通過他進行選擇。

在男人自己都覺得自己不是在進行選擇的情況下，那就肯定是女人在進行選擇了。所謂什麼都不懂的貧窮的天真美少女，是一個根本不存在的物種。男人懵懵懂懂的時候是很多的，但是女人從來不會什麼都不懂，即使是十幾歲的少女，她在別的地方可以不懂，但在這個方面卻清楚得很。

女人到底是不是為了錢，這個事情恐怕別人說不清楚，她自己也說不清楚。你如果從惡意角度來看，很可能以為她跟老男人在一起是為了錢。但是很可能從她自己的角度來講，她所追求的東西雖然與錢有關係，但是並不直接體現為金錢，例如很可能體現為只有一個掌握金錢的老男人才能夠具備的各種體貼和細節上的照顧。這些細節上的照顧表面上看來只是主觀的，但實際上都跟金錢有關係。

如果你沒有錢的話，不僅在物質上很難做到處處體貼照顧，而且就是不考慮錢的方面，也很難培養出一種時刻體貼照顧的心態。有很多年輕姑娘總覺得年輕的男人獸性比較強，處處魯莽自私，其實這種自私恰好就是他資源匱乏的一種表現。無產階級文學往往有一種宣傳，說資產階級是自私的，不為別人考慮的，只有底層無產階級是大公無私的。

我想任何稍微有點社會經驗的人都會覺得實際上情況恰好相反，世界上沒有比無產階級更自私的人，尤其是流民無產階級。對於他們來說，十塊錢的價值比別人的一百萬的價值還要大。一個富翁可能會花上一兩個小時去籌畫如何賺到一百萬；而一個流民呢，往往花上二十三個小時時間去籌畫怎樣才能賺到一百塊錢。所以他們的時間線非常短，只顧眼前利益，而且不顧吃相好壞。

年輕人相對於事業有成、有資源的中老年男性，情況也是這樣，一方面他們沒有經驗，另一方面他們沒有資源。中老年男性的優雅和體貼是需要大量的時間成本的。

Q35．您如何看待為了綠卡和外國人在一起的中國女人？

應該說她們做出的選擇比較好吧。我的印象是，四分之三的中國的女人之所以結婚都是為了類似的理由，只是投機的方向不一樣而已。你可以去做領導的二奶，或者是找一個比較有資源的男人，或者是找一個比較靠得住的公務員之類的職業的男人，諸如此類的。其基本動機，跟挖金其實都是沒什麼區別的。

相比這些習以為常的途徑來說的話，找一個有綠卡的男人，恐怕比找一個公務員或者是給領導當二奶是要強得太多吧。應該說在為數眾多的投機者當中，她們是一群頭腦比較清醒、比較有遠見或者運氣比較好的人，比起她們那些同樣屬於同胞，但是選擇投機對象不太明智的人來說，已經算是很優秀了。

Q36．為什麼白人男人和中國女人在一起的很多？而中國男人和白人女人在一起的很少？

按白人女人的普遍的價值觀念來說的話，中國男人的生活方式恐怕是，她們所比較讚賞的各種品質基本上都沒有。而中國男人一般被讚賞或者是被篩選的那些品質，比如說是勤勞、節儉、小聰明諸如此類的東西，與其說是受人尊重，不如說是受人厭惡。中國女人，應該說對白人男人的主體其實並沒有什麼吸引力，但是比較容易吸引那些具有東方主義幻想的那一部分白人，以及，她們比正常的白人女人更容易以妾婦之道相待。

Q37．為什麼東亞男性在西方不受歡迎，而女性卻相反？

東亞男性是最不受歡迎，因為在男權中心的社會（大多數大型社會都是男權社會，只是現代社會比較隱蔽而已）是女生上嫁、男生下娶。東亞人處於歧視鏈的底部。所以，要找到比東亞男性地位更低的女性，那就只能像是六十年代的台灣笑話，只能指望國內的人出國嫁給留學生，而留學生在美國是娶不到當地女人的。而女生則可以上嫁，她可以嫁給地位比自己高的其他移民團體或者美國本地人。

但是，「東亞女性最受歡迎」這個顯然不符合事實。實際上，地位比較低的移民團體的女性嫁給其他移民或本地人的機會都比男性要多，但是外嫁最多的還是跟美國人親緣關係比較接近的族群。例如，二戰時期的美國大兵實際上娶得最多的是英國新娘，日本新娘就要少得多。基本上，娶外國新娘的數目就是文化親近性的一個指標，因為結婚這件事情就意味著熟識程度。

實際上，亞裔嫁給非亞裔，比如說嫁給白人，通常是來自ABC的第二、三代，而非第一代移民。而且，無論數量還是比例，肯定都比義大利人和拉美人要低得多。

03

情慾是原始生命力旺盛的徵兆

Q38・鬍鬚對於男性意味著什麼？鬍鬚的濃密程度與長度能說明該男子什麼生理或心理特點？您又怎麼看中原地區常見的山羊鬍子？

毛髮跟人種有關係，蒙古人種本來就是毛髮數量最少的。毛髮數量少是一種幼態持續機制，成年人看上去的年紀比他實際的年紀更輕一些。平均算起來的話，跟高加索人種相比，蒙古人種的同樣年齡的人，看上去總會被誤認為年紀更輕一些，這就是幼態持續機制。

幼態持續機制是第二性徵不發達的表現，是可以通過選育方式來培養的，至少在動物中間是可以這樣的。也就是說，它實際上是一種男性性

阿姨教我的 25 堂人生課

Lesson 4 ▶ 頭腦混亂時的調整策略

想要有條理的話，首先得給自己確定一個目的。在目的不能確定、或者是有很多相互衝突的目的的情況下，就給目的排一個優先順序。優先順序排出來以後，就可以為了較大的目的而犧牲較小的目的，根據這個目的來調整自己的行動和思路。

徵退化性選育產生的結果。可以說，東亞的內卷化社會本身就是一個大型的選種實驗室，相當於是人類閹割動物的類似機制，選出那種第二性徵——特別是男性性徵最不明顯、幼年特徵維持時間最長的品種。

山羊鬍子是金、元以後才出現的，以前不是這樣的。宋以前東亞地區流行的男性鬍鬚，跟十九世紀的日本式鬍鬚是差不多的。後來變成這個樣子，顯然是內亞風格影響的結果。當然，唐宋時期的那種鬍子，大概也是伊朗風格的。

Q39．對於情慾旺盛的人，您有什麼忠告？

情慾是原始生命力旺盛的一個徵兆。有很多人認為萎靡不振就是道德，把道德看成一種消極的東西，其實軟弱是惡的最大培養基，血氣旺盛引起來的越界反而在其次。

有很多人貌似很道德，甚至是給人以道學家的印象，甚至以道學家的名義流傳千古，但是實際上，他的道德行為是生命力軟弱的結果。他不去越界，是因為他沒有越界的能力，就像是太監不會好色一樣。

但是世界上最陰毒、最狠毒的人就是沒有能力的人，只不過他們不大有實行的機會，所以很多人看不出來。這種人一旦得到實行的機會，他的陰毒會超過強者的犯罪。前者因為血氣而越界，那種道德反而是可控的。真正的道德家就是因為血氣越界以後，然後漸漸地學會了控制自己。

Q40．您如何看待私生活混亂的人？

私生活混亂的人一般來說意志比較薄弱，而且容易說謊。如果意志比較堅強的話，他就會自然而然的體現在生活方式方面，自然而然的能夠把自己的生活整理得比較有條理。如果自己的生活都處在一片混亂當中，自己給自己帶來各種各樣的不便，而他寧願忍受這樣的不便，也不願意奮發起來，自己把自己整理一下，那就說明他的意志是非常薄弱的。

而自己控制不了自己的生活，讓別人從各個部分牽著自己鼻子走的那種人，不可避免的為了要在這一部分應付某一種生活、在另一部分又要應付另一種生活，只能採取眼前臨時解決的辦法，會出於軟弱而欺騙，不斷的說謊，然後又被自己製造出來的謊言不斷牽著走。這種人很難有長遠和穩定的計畫，他即使制定出這樣的計畫，也會被臨時的各種事情打亂。

Q41．每隔一段時間就會控制不住自己去找小姐，請問該如何戒掉這個不良嗜好？

這不是一個不良嗜好，跟定期打飛機沒有什麼明顯的不同，只是你沒有把你自己的階級地位、感情生活合理地加以協調。這一點可能跟你自身的階級地位不穩定有一定的關係。

不同的階級地位的人處理性問題有不同的方式。例如，你實際上完全可以像日本的元老那樣，有一個名門閨秀的正房夫人替你打理家政，但是你要把所有的錢都交給她，一切正規場面上的事情不可以背著她做，同時你定期地去找一找藝伎或者諸如此類的女郎，排遣你感情上的寂寞和性方面的需求，這些藝伎和非正式的外事可能還有層次上的差別。關鍵在於，你是哪一種範圍的人。

當然，如果你除了青樓小姐以外已經找不到別的女人了，那就另當別論，上面的建議都算是白說的。

Q42．已婚男性在遇到漂亮女性的時候，會抑制不住地心動。請問這是否正常？想如何克服的話是不是需要基督徒那種精神？

那是人類的本能。即使是上了年紀的太監，根本沒有性能力，但是他仍然有性的慾望。有些人、甚至某些使用太監的統治者可能以為，太監是沒有男人慾望的，所以不會因此而感到痛苦。但是實際上太監往往更加痛苦，因為他只有男人的慾望，卻沒有男人的能力。

理學家在修身養性的時候往往會記錄自己一天有多少個邪念，就會經常出現，看到不是自己老婆的漂亮女人以後突然心動，然後在日記中記下來，「這又是我的一個過失，我要好好修身養性」諸如此類的。

Q43．當時和前女友分手就是因為覺得她費拉性重，喜歡搞SM虐戀。請問如果她不斷來找我，是真心放不下我還是又想來搞SM？我是應該徹底拉黑她，還是再給她機會？

你不能憑她的想法來判斷問題，你要首先搞清楚自己的想法，你到底是想要她還是不想要她？從你的描繪方式上來看，好像你是覺得，你是處在被動一方，讓她來找你，然後你再做決定。

實際上如果你真喜歡她的話，你應該主動去追她，或者下定決心跟她斷絕。你好像自己沒有作出決定，把決定權完全放在對方和環境那一邊，這樣做是不好的，你自己要對自己想要得到什麼有一個清楚的打算。或者說，你的人生興趣根本就不在這方面，對這些事情是可有可無的，只有一點維持面子的需要。

Q44．如何看待人生的愛情現象，它的本質是為了生存獲取經濟利益的手段，還是為了滿足性需求伴隨的過程，或者是其他的什麼？

愛這個詞有很多種意義，大多數都跟性別沒有關係。跟性別有關係的這種愛情是中世紀騎士文學的一個附加產物，在以前沒有或者至少是沒有典型的出現。它產生的背景就是貴婦和騎士之間的愛，或者說得更準確一點，騎士對自己得不到的貴婦的一種柏拉圖式的單相思。

它產生的背景首先是基督教文化對個人主義和個人靈魂價值的極度高揚，這一點遠遠超過了在它以前的希臘羅馬文化，更是東方其他文化當中根本沒有的。既然個人靈魂是極度尊貴而且極度獨立的，同時又強調柏拉圖式的概念，於是就產生了一面在承認正式婚姻制度神聖不可侵犯的情況下，一面對正式婚姻制度下已經結婚，而且社會地位比自己高的貴婦可以遠距離的做柏拉圖式的戀愛。中世紀騎士文學通過基督教柏拉圖式的愛的觀念，產生了現在的愛情的基本概念。

然後在啟蒙時期，古典的概念又一次死灰復燃，壓倒了這種精神，具體就體現在拉辛這些人描繪的古羅馬的帝王將相當中。他們描繪的古羅馬人強調的是靜穆，強調的是理性、克制自己的感情，例如猶太女王貝蕾妮絲本來是愛上了羅馬皇帝提圖斯的，但是他們兩人最終都決定以羅馬和猶太的大局為重，最後寧願犧牲他們自己的愛情，成全他們作為國君的職責。

這是路易十四時代的精神，也就是文學上所謂的新古典主義或偽古典主義。這種精神在法國大革命以後遭到了德國浪漫主義的回擊。德國浪漫主義的特點是，重新挖掘被啟蒙主義壓抑和貶低的中世紀傳統，因此重新復活了愛情至上的觀念。

Q45．本人女生，我自己有一個最大的弱點就是一旦陷入感情中就很容易迷失自我，無條件容忍對方哪怕是在犧牲我的利益的前提下。我有時候覺得為了自己的利益著想，最好是一輩子單身，請問有什麼建議能讓我變得更加強硬或者自我中心一點嗎？

說真的，關於女人的問題其實是非常古老而簡單的。跟好男人在一起，比自己一輩子單身要強；跟壞男人在一起，那還不如自己一輩子單身。但是，真要說如何避免跟壞男人相遇，那確實是沒有絕對可靠的辦法的。

馬基維利主義的做法往往是不可靠的，因為人性都是軟弱而複雜的。在某一個方面馬基維利主義得非常徹底的人，往往需要在另一方面絕對地、徹底地放鬆自己。例如像雍正皇帝和約瑟夫·富歇（拿破崙的警務部長），都是當時他們所在的政治圈裡面出類拔萃的馬基維利人物。

但是，富歇卻有一個標準天主教徒式的極其忠誠而穩定的婚姻，在他不斷地背叛所有人（包括他的所有領導）的同時，一輩子對他貌不驚人的妻子永遠忠誠。而雍正皇帝跟宮裡面的那幾個公主的關係，與他跟其他皇族和大臣的關係也是截然不同的。他們像所有人一樣，需要一個絕對信任的圈子。

所以，真要搞成絕對馬基維利主義的人，往往是把那些可防可不防的一般威脅給防住了，卻漏下了一個自己發現不了的大洞，一下子掉進去以後就不能自拔，因此反倒不算是最高明的做法。

在資訊不完全的情況之下，像是疫苗那樣有可能造成副作用，但是覆蓋率和性價比相對較高的辦法就是，直截了當地排除掉所有中國人，把你選擇的對象放在那些有古老宗教傳統和社區傳統的地方。在這些地方培養出來的男人比較重視家庭。而且，即使他本人可能遇上各種衝突，他周圍的社會關係網對於結了婚的女人應該享有的權利和保護有一個比較高的安全網和底線，對你能夠形成較好的保護。

Q46．有人說男人膚淺，都只看表面。所以，他們只能錯過好姑娘，然後被婊子騙得痛不欲生。您如何評價這種價值觀？

女人都是這麼認為的吧。在女人的眼裡面，男人絕大多數都是傻瓜，不，可能全都是傻瓜吧，雙方看問題的層次是差別非常大的。所以要說男人的眼光更膚淺，估計一多半女人心裡面都是同意的，表面上不說的那一部分可能是出於禮貌或者是出於其他方面的理由，心理其實也是這麼認為的。

而且這樣做是有博弈論方面的依據的。所謂兔子一定會跑的比狐狸要快，因為兔子輸了以後會輸掉自己的命，狐狸輸了以後只不過是賠掉一頓早餐。凡是風險比較大的一方，他看問題的眼光就應該更準確一些，否則他就不可能倖存到現在了。所以僅僅憑這一點你就可以合理推斷，女人看男人會比男人看女人要更準確一些。

Q47．為什麼失戀時不難受，看到對方很快投入了新感情反而難受？男人要如何面對把自己女人奪去的情敵？如何擺脫失戀後特別消沉的情緒呢？

在你自己感情和人格崩潰的時候，你需要有一個重組時期。因為所謂的人格，其實像是一個麻袋裡面裝著許多老鼠、每一個老鼠都想跳出麻袋那種格局，你以為你是一個完整的人，但是其實你是那許許多多不斷跳動的老鼠組成的一整個麻袋。在你突然崩潰的時候，就相當於是麻袋口突然打開了，老鼠從口袋裡面爭先恐後的跳了出來，然後你只剩下一個空麻袋了。那時候你其實已經是一個沒有人格、徒具人的形體的系統，這個系統就像是一個崩潰了的電腦一樣，是不可能做出任何有效決策的。

所以在系統恢復以前，你必須要有一個休養生息的階段，你什麼也不做，什麼判斷也不做，什麼行動也不做。這個階段一般來說至少需要幾個月。

過了這個階段，那就相當於是跳出去的老鼠，有些比較老實的，感到厭倦，又回到了你原來的那個麻袋當中，另一些比較桀驁不馴的或者不喜歡你的新環境的老鼠就這麼跳走了，一去不復返了，你可能就會變成跟原來不同的人。回來那些老鼠，可能又帶來一些在牠們跳出去的過程中接觸到了牠們的資訊、覺得這個麻袋很好的新老鼠，而從麻袋裡面跳出去的某些舊老鼠可能一去不復返了，又找到新的伴侶。

麻袋還是過去的麻袋，但是重新鑽進麻袋的

阿姨教我的 25 堂人生課

Lesson 5 ▶個性愛拖延就表示還沒認清自己的需求

如果你已經知道你自己是誰，你最需要的是什麼——所謂「最需要」，不是理性意義上的最需要，而是你內心中有一種壓制不住的衝動。有了這種衝動的時候，你是不可能有拖延症的。

這一群老鼠，組成成分已經跟原來有所不同。牠們又要重新在麻袋裡面跳躍，重新形成自己的啄擊順序，像是任何一個新團體都要選擇自己的領袖、任何一個新國家都要選擇自己的憲法那樣。

這個新的口袋，這個你稱之為「你的人格」的麻袋，在經過這一番變化以後，舊老鼠和新老鼠又要重新掐一陣子。原先在上的，現在可能在下了，原先在下的，現在可能在上了。也許新的老鼠會打敗原來的老鼠，也許它不會打敗原來的老鼠，但是由於它加入了底層的緣故，原來的上層老鼠的行為模式也會有所改變。最後等到新的啄擊順序大致上排列組合以後，你的新人格也就基本準備就緒了。

那時候你重新看待過去的事情，你會對自己感到驚訝：我原來怎麼會把這件事情看成這樣呢？它明明是另外一個樣子。其實你之所以會有這種看法上的改變，是因為組成你人格的那些老鼠的啄擊順序已經發生改變了。到這個時候，你就不再需要問任何人了，因為在新的啄擊順序形成的時候，你已經有了新的看法和解決方案了。

Q48．距離她與我正式斷絕聯繫已經半年了，但我仍經常觸景生情，對新戀愛也沒有心思。請問我這是什麼心理？如果決定要忘掉她，我可以怎麼做？

不要下這樣的決心。你下這樣的決心，就增加了她的重要性，因此你就更忘不掉了。你去做些別的事情吧，一定要是你本來就感興趣的事情。你漸漸會在做事情的過程中間生長出很多枝枝節節，然後漸漸陷進去。最後你的心靈完全被那些新的事情纏住的時候，你會發現，想過去那些事情的時間就越來越少了。

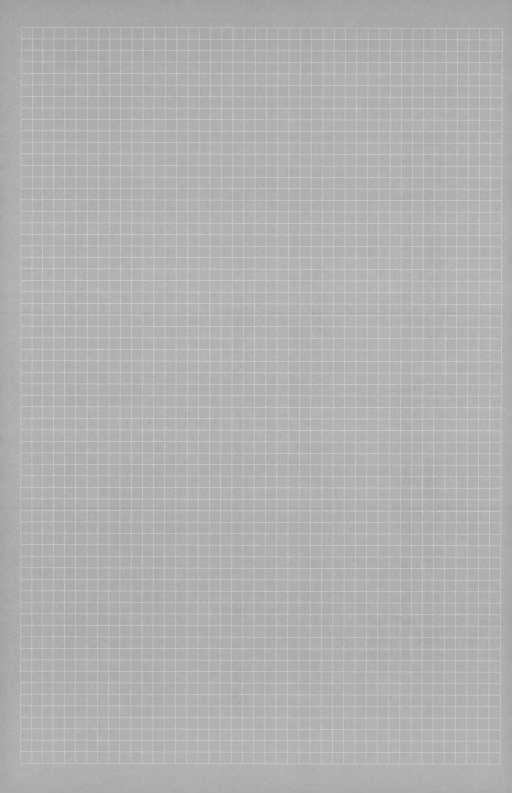

04

人並不是天生就喜歡生孩子的

承擔責任是很累的事情，所以實際上如果不是受政治正確和社會體面的約束的話，我想有很多人會寧願去做奴隸，以便讓自己有吃有喝，任何事情都讓組織包養起來，什麼事情都不做，什麼責任都不用承擔。

在《紅樓夢》裡面，有很多人是自願為奴，希望賈府收容自己，理由是，在賈府做奴才比起做一個名義上法律上是獨立自主，但是生活非常辛苦的農夫要強得多。

這種心態存在的範圍其實比我們大家承認的範圍要大得多。有很多人很可能是因為在現實生活中受不了責任的束縛，所以在想像的、幻想的生活中間，想要享受一下當奴隸的快感。

古希臘的政治學有一個常談就是，反對奴隸制的基本理由不是說大家都是如此高貴，不能當奴隸，而是因為沒有人足夠高貴，像神明一樣高貴，配得上做主人。

Q50．和性工作者談戀愛是怎麼樣的一種體驗？

「唐人傳奇」不是專門描繪這種狀態麼？當然你可以自己去試一下，長一點經驗。當然，各地的性工作者是不一樣的。例如，像深圳的小姐之類的，她們實際上就是巴蜀或者其他什麼內地的打工妹或者廠妹的同一個階級，同一個階級的心理特徵和性格特徵也適用於她們。

Q51．如何看待西方世界愈演愈烈的同性婚姻合法化？

同性婚姻主要是一個宗教性質的問題。同性婚姻合法化，主要涉及的是財產和社會權利的問題，它在財政問題上只占有一個極其微不足道的比例。所以如果要以財政問題來畫分左右的話，同性婚姻基本上是微不足道的，可以忽略不計。同性婚姻在西方能夠引起很大的反應，那恰好是說明猶太基督教傳統仍然根深蒂固。你如果不是教會中人、不是信徒的話，對這些事情可以不必關心。如果是信徒的話，那你就要明白同性婚姻的要點在哪裡，它的問題不是在政治層面上是左還是右的問題，而是在家庭層面上破壞了聖經關於家庭關係的原則。

Q52．您對同性戀和變性人（LGBTQ）怎麼看？如果連婚姻和性別的定義都可以修改的話，那麼下一步是不是就要修改財產權的定義了？

就基督教傳統來說，這當然是一個極其深刻的打擊，直接打擊了社會共同體的核心，但是它跟財產權的相關法律並沒有什麼直接關係。支持同性戀和多元文化的那些人，實際上是在修改財產權制度的傳統左派衰退以後退到了一個更加脆

阿姨教我的 25 堂人生課

Lesson 6 ▶ 了解隱士精神的真諦

如果隱士是真正有德性的人，那麼這個德性不會因為他自己主觀的選擇退出社會而消失，反而可能會構成另一種共同體的核心。像是基督教和伊斯蘭教社會，就是以隱士和退出的方式，集結成為新的強大社會。

弱的位置。

他們現在能夠指望或者說是正在動員的那些支持者，比起過去的工人階級來說是更加軟弱、人數更少、更加分散的集團，所以一開始就不可能抱有過去社會主義者對工人階級推翻資本主義財產權那樣的巨大期望。他們一開始就是認為自己是少數派，而且是永久性的少數派。而傳統左派則認為自己至少是在野勢力中的一個強大勢力，而且很有希望變成將來的多數派。

Q53・請問阿姨如何看待同性婚姻合法化及其後果，比如對作為基礎共同體的家庭，言論自由和公立學校/教會學校的影響。

教會當然是反對的，這對基督教一男一女和孩子構成的基礎婚姻是一個顛覆性的影響。但要說言論自由的話，基本上是沒有什麼影響的。這件事情上真正會引起爭議的是一些與婚姻有關的財產繼承諸如此類的規定。

同性戀其實一直都是存在的，只不過法律上能不能給予承認。給予承認就是說，他們達成的關係作為一種特殊的伴侶關係可以享受跟傳統婚姻同樣的法律權利。這涉及很多經濟上、物質上、遺產繼承、財產安排之類的細節問題。

在社會心理上主要的爭議就是，這樣的合法化的同性戀家庭可以有孩子嗎？他們養了孩子，會不會對敏感期、可塑性強的孩子的發展構成不利影響或者其他影響。說得乾脆一點就是，同性戀是個邊界模糊的概念，它到底是純粹天生的，還是只有一小部分是天生的、很大一部分模糊地帶實際上是被誘導出來的呢？如果兒童在同性戀家庭中長大，他會不會本來不會被誘導的，結果反而會被誘導呢？這才是真正令人為難的問題。

Q54．我在一份外國關於同性戀的調查研究中看到，同性戀人群中的大多數人在童年時期或青少年時期都遭遇過不同程度的性侵犯，這是導致他們性取向扭曲的關鍵，這實際上是一種心理疾病，需要外界的干預性治療。您對此怎麼看？

同性戀根本沒有一個定義。照希臘人標準的那種同性戀，大多數在現在的標準來看其實都算是雙性戀。即使是現代的醫學診斷標準，其實也是很混亂的，它實際上是把很多種可能是多因而造成同一種後果的現象都歸納在同一類了。所以它還算不上是一種像是高血壓或者心臟病那樣的分類，而是更接近於頭痛病和肚子疼病，也就是說是因為有共同的症狀就統統算作一種了，其實包含著很多不同的因素在內。

Q55 · 您對於不想承擔責任和風險的單身主義者有什麼建議？

這樣的機會是非常少的，在比較小的、比較原始的群體當中，社會不會容許任何人有這樣的機會，只有文明發展到非常高度的階段，剩餘資源非常多，社會才能容許一小部分人，但只能是極小一部分人，擺脫常規共同體的羈絆和紐帶，不必承擔一般的義務。

這種人等於就像是社會的先遣隊員一樣，為社會承擔了一種特殊的義務，他們可以像假面舞會一樣過他們的人生，實驗很多新奇的可能性，這些體驗既屬於他自己，也屬於整個世界。所以這種人在文明的產生和發展中扮演了特殊的角色，他們有點像是探索各種新奇可能性的實驗者。如果他們錯過了這個機會，明明有這樣的條件卻不加利用，或者是已經享有了一般人享受不到的優惠條件，而沒有做出相應的回饋的話，他們就辜負了自己。

Q56．為什麼女權不是權利？

這個是自由主義的觀點，他們把權利當作一種可以抽象的東西，而古典自由主義者只承認一般性規則才是真正的權利。從經驗主義的角度來講，並沒有一個抽象的、可以像幾何定理一樣分析的權利。

女權之所以是特權，是因為它像「工人權利」或者「社團權利」一樣，是針對某一部分特殊人群的，特殊人群應該享有什麼樣的權利，是不可能設立普遍的、平等的、沒有任何特殊針對性的一般性規則的。

Q57．現在各國強行在議會裡給女性留配額，在公司裡給女性留配額，提出各種法律利女，還有聯合國機構強行推女權。請問阿姨為什麼世界各國在瘋狂的推女權和平權來解構社會？跟陰謀論有關嗎？

配額當然不是平等的體現。如果真能勝利，你是不需要配額的，例如像柴契爾夫人那樣。頗具諷刺意義的是，如果你認為政治和軍事方面的領導職位是平等的主要象徵的話，那麼男女最接近於平等的社會顯然是蠻族社會。進入文明社會以後，擔任最高級軍事政治職位的女性領導人從來也沒有達到過蠻族社會的那種高度。例如明代的廣西土司瓦氏夫人或者南北朝時代的花木蘭，就是蠻族社會在跟費拉社會相接觸的時候把它的女將供應給費拉社會。

對於蠻族社會來講的話，他們的女兒和兒子一樣身強力壯，能夠打仗，是比較正常的事情。伊斯蘭教蒙昧時代（就是說沒有接觸到伊斯蘭教天啟真理以前）的尚武的阿拉伯部落和塔西佗時代的日爾曼部落，也是這個樣子的。但是我們要注意，即使是在上古時期的蠻族部落，荷馬時代以前的希臘，古代的日爾曼，女武士通常仍然比男武士要少一些，但是已經比進入文明社會以後擔任最高級政治軍事職務的女性的比例要大得多。

純粹的女權主義，歷史上上一次達到最高峰，就是在羅馬共和國末期和帝國時期。有利的獨立財產制度、婚姻自由、平等的離婚權利，保障了大量的單身婦女、不婚婦女和擁有財產的離婚婦女的存在。但是，她們所在的社會一般也是生育率比較低、使奧古斯都痛心疾首的那種社會。

而生育率比較高的社會從外部和內部，也就是說邊界外的蠻族和邊界內的東方諸宗教（包括基督教社會），依靠更多的人口，不斷擠壓原來希臘羅馬文化浸潤的人口，最終實現了文明的替代，使得羅馬帝國崩潰。西部帝國被日耳曼人占

阿姨教我的 25 堂人生課

Lesson 7 ▶ 向歐洲貴族階級學習健身

最經典的就是例子就像英國國王、蒙古的可汗或者是滿清皇帝，他們都是要定期打獵的，越是戰鬥力強，打獵就越多，階級地位就越高。近代中產階級之所以健身，就是模仿歐洲貴族，才把健身變成日常生活的一部分。

領，東部帝國被阿拉伯人占領，內部被基督教控制。

這樣的故事在歷史上發生過很多次。最關鍵的因素就是在於，現代意義上的女權主義所賴以維持的那個社會是低生育率或者人口負增長的社會，而人口能夠迅速增長的社會都是非女權主義的社會。當然，後者當中也包括有那種其實女性地位比文明社會更高的蠻族社會，以及很多種泛義的傳統社會，包括美國基督教保守派所強調的、像巴雷特大法官所體現的那種多子女多生育的家庭。

Q58．基督教強調的是一夫一妻制，但是從男女的生理結構特徵上看，適應種族繁衍的婚姻結構應該是一夫多妻制。我們的身體特徵是神賦予的，但是教義又不允許我們充分的進行繁衍，這是不是自相矛盾？

你要明白，婚姻制度指的是財產制度和繼承制度的安排，跟你的性交對象有多少沒有直接的關係。所謂一夫一妻制，就是指的是家庭作為一個財產和繼承的單位，這個單位是一夫一妻及其小孩構成的。實際上，你們有沒有紅杏出牆，你們的小孩是你自己生的、領養的還是其他怎麼樣來的，對這個制度安排是不發生影響的。

一夫多妻制的意思就是，小妾或者平行的妻子在法律上是有相應地位的，並不代表在一夫多妻制之下男人的性慾真的平均會更強一些，或者真的性交對象的女性會比一夫一妻制下更多。

Q59．您如何看待養兒防老的傳統思想？

這其實是一種刺激生育的手段。像你在驢子面前掛一個胡蘿蔔讓它推磨一樣，儘管大多數驢子永遠吃不到那個胡蘿蔔的，但是有這個胡蘿蔔和沒有這個胡蘿蔔，差異是非常之大的。人並不是天生就喜歡生育的，生育這個事情是需要有強有力的文化刺激，才能讓大多數人去犧牲眼前利益，指望將來能夠得到回報，即使回報不一定，而眼前的犧牲卻是一定的。

在很多文化當中，甚至可能在大多數原始文化當中，生育不是必然會得到鼓勵的。有很多原始部落之所以人口長期不能繁盛，就是因為缺乏像是多子多福這樣的生育文化的刺激。但是在原始部落能不能夠形成人數眾多的農業文明這個關鍵性的節點上，起重要作用的刺激因素很可能就是這種文化因素。

05

所謂的健全常識
是不用培養的

Q60．如何看待母親疼愛、保護孩子這種本能反應？

小孩就是母親自我的一部分，嚴格來說還不能算是兩個人。這跟父親和小孩的關係是不一樣的，父親和小孩是那種小鴨鴨和小鴨鴨的第一個撫養者之間的那種關係，是建立在出生後的最初接觸之上的，而母親和小孩之間的關係就像是她和她的一個器官的關係。

剪斷臍帶這件事情就好像你截掉一條腿，但是你在感覺中那條腿還在你自己身上，所以小孩並沒有真正離開母親。母親要等到小孩十幾歲，開始有自己的社會生活以後，才會感到真正的出生和隔離感；在這以前，小孩只是長得更大了一點，仍然是她身體的一部分。

所以，母親為小孩所做的事情跟母親為挽救自己的生命和重要器官所可以做的事情是完全一樣的。你為了挽救你自己的生命可以做什麼，母親為了自己的小孩就可以做什麼。

Q61．理想的父母和子女的關係是什麼樣的？如果因為父母是貴匪或者費拉就和他們斷絕關係、畫清界限，這樣做符合您的道德觀嗎？

沒有什麼理想的父母和子女的關係，家庭關係的構建方式是取決於社區的構建方式的。如果社區構建的方式改變，那麼家庭構建的方式也會相應改變，因為家庭承擔的社會功能在不同時間是不相同的。

像胡適他們推行的十九世紀末期開明知識分子的那種自由的父子關係或者家庭關係，只有在社區承擔了歷史上家庭承擔的大部分社會功能的情況下才有可能展開。所以你如果不談外界的小共同體和大共同體的構建狀態而談論家庭關係，基本上是沒有意義的。

你說的那種先下手為強的家庭狀態，在列寧主義的家庭模式中是非常常見的。父子相互揭發，像蔣經國揭發蔣介石那樣。蔣介石還守著儒家的道德觀，認為這是不可理解的；而蔣經國已經接受了列寧主義的道德觀，認為這是理所當然的。像老鬼描寫的楊沫的家庭情況，正是列寧黨一代新人的正常家庭關係模式。但是這種家庭關係模式也是附屬於或者說是對應於列寧主義的整個社會模式的，它本身不能孤立存在。

至於張獻忠所在的那個生態環境中，那就是在話本小說中經常看到的那樣，關索或者其他英雄要做什麼大事，就要你殺掉我的老婆，我殺掉你的老婆，《三國演義》裡面所謂的「兄弟如手足，妻子如衣服」，那就是梁山式下層社會的正常家庭關係模式。

Q62．覺得小孩子和未成年人又蠢又傻又煩，請問生小孩的人是不是腦子有病？

小孩很萌啊。如果你自己不負責去養他，只是玩他的話，那一定是很好玩的，對不對？其實

阿姨教我的 25 堂人生課

Lesson 8 ▶ 找工作的兩個原則

第一是尋找社會最需要的東西，第二是尋找你自己最擅長的東西。如果你找不到工作，說明你在尋找什麼是社會最需要的東西方面，你缺少優秀企業家的才幹。所以如果你在這方面沒有辦法改善你自己的知識和能力的話，你就要從相反的方向去尋找。

大家的想法應該都是這樣吧，至少男人的想法可能就是這個樣子的，如果不用我生的話，讓我來玩他，那是很好玩的。至於女人，史前時代的女人大概是不由自主就生了。

能夠選擇自己生或不生，這本身就是一種中產階級現象，說明你處於中產階級以上的階級。只有這個階級，生或不生才是一個值得選擇的問題。

那麼在這種情況下，生或不生對於中產階級來說是為了維持階級地位，向上爬，通過教育來維持階級地位。對於貴族階級來說，那就是一個維持家庭傳統的管道。家庭傳統對於貴族階級來說是一個政治機構，而不是中產階級意義上的那種階級，不是為了私人感情。

Q63. 面對自己未成年的孩子，應該用善意的謊言去描繪世界與人，還是應該毫無保留地揭示世界運行的殘酷規律和人類社會的黑暗？

你要相信他是有腦子的，而且他的腦子多半比你正在衰退的大腦還要強一點。

所以，你就不要假定你說的那些東西會構成他認知的底色或者基本框架了，你就假定你說出來的東西跟你在咖啡館裡面對別人說出的話沒有什麼區別。他從同學之間得到的資訊以及他自己親自接觸社會得到的資訊和反思，對形成他的認知結構更有說明。

Q64．一個人的逼格是否主要取決於家庭和成長環境？產生我的傳統和我選擇的傳統分別占多大的比重？

家庭和成長環境當然是占主要地位的，一多半都是由這些因素決定的，個人決定的因素只是錦上添花的一小撮，相當於是蛋糕頂上的那一片奶油，底下的大部分都是由你的家庭、遺傳和青春期時期的小環境決定的。產生你的傳統比你選擇的傳統重要。例外的人有，但是不太多。如果拿這些例外的人作為標準的話，對大多數人來說可能有誤導性。

有些人能夠超出自己所在的傳統，甚至能夠自己獨立創造新的傳統，更不要說是選擇其他的傳統了。但是能夠做到這一點的人，必定是屬於人類前5%的頂尖人物。而一個人如果沒有確鑿的把握判斷自己是不是屬於前5%的頂尖人物，又單方面的把自己想像成為天才，那下場是非常慘的。也就是說你即使真的是天才的話，你最好也要把自己想像成為庸人。

Q65．敗家子是如何產生的？

一般是因為父母（特別是父親）過著兩面人的生活，他自己口頭上傳授的家教和他自己實際的生活方式存在著極其尖刻的矛盾。他以為小孩都是傻瓜，其實小孩比誰都聰明。像一個演員一樣，你瞞得過台下的觀眾，瞞不過後台的人。

小孩就是後台的人。他漸漸長大了以後，你在他心目中並無任何權威性。你對他說的那些東西都是自私自利的謊言，因此他早就什麼都不相信了。等到你的體力、乃至於經濟和物質力量不再有能力約束他的時候，他就會把他早已經想到過的事情付諸實施。

最重要的就是要能獨立生活。獨立生活，你就要狠一點心。就是說，讓孩子去技術學校或者其他什麼地方，那是很不舒服的，他不一定會願意去，或者說願意去了以後也肯定會有各式各樣的麻煩，這個處理不好那個處理不好，那時候你就不能心軟了。如果你事事都替他處理好了以後，他不可能有很強的毅力的。

毅力這個東西就只能是在獨立生活狀態下才能培養出來的。最佳的獨立生活狀態其實是像魯賓遜或者像美國西部那些農場主那樣，自己去弄一塊地，自己開荒，自己去闖。去技術學校，這已經算是很低配版、很降級的事情，但是有很多

阿姨教我的 25 堂人生課

Lesson 9 ▶ 尋找另一半應找價值觀相近的

核心價值觀不合，早晚翻臉。內戰比外戰更危險，肯定耽誤雙方。如果當事人決斷力不足，那就只能做居士，不可能活出任何價值觀。價值觀體現於行動和生活方式，不是理論愛好。若是勉強敷衍，那麼下場參見烏克蘭。

人都做不到。如果在技術學校都混不下去，一定要在成年以後才離開家的話，那他是很難有很強的毅力的。

人到成年以後，那個受了傷害也不怕、也很容易癒合的時期就會結束，那時候學什麼、適應什麼都很難。在成年以後再受到挫折，就很容易怨恨社會或者是自暴自棄，造成各式各樣的不良後果。但是在童年時期或者是少年時期，等於說是人處在一種很容易受傷、很容易癒合的狀態，這種情況下，你就不如讓他隨便去受傷，讓他多受傷，多癒合，提前具備強有力的免疫力。到成年，這個視窗期關閉以後，他的比較堅強的性格就已經形成了。

毅力有沒有天然的階級性，不好說。從經驗上看來，可能是有的。也就是說，可能有些人的敏感性比其他人大，有些人比較頑鈍無恥；有些人能夠集中注意力的能力，從一生下來就比其他人要強，有些人就是很難長期集中注意力。如果天生集中注意力的能力就比較強，或者說是天生就比較敏感，也就是說比較經不起失敗，有了失敗以後就一定要扭回來，那麼這種人要訓練出毅力，應該是比較容易的。但如果沒有這樣的品質的話，可能天花板就要低得多。

但是記得，無論天花板是高是低，能不能夠達到你可能達到的最高天花板，都是要看童年和少年時期的訓練的。

Q67・怎樣培養小孩的武德？

武德這個東西恐怕不是需要教的，很有可能它是人先天就有的，只是在教育的過程中間或者是在吃虧上當的過程中有可能會漸漸喪失。

如果你生活在一個非常費拉的團體中，而且你是一個比較直爽正直的人的話，你會不斷的吃虧，小孩在這種情況下，他最初可能感到非常委屈和憤怒，但他的委屈和憤怒是大人體會不到的，也不能給予適當的反應，結果他就對大人那一套完全喪失了信心，經過了一套馬基維利訓練以後，就漸漸失去甚至是忘記了自己早年曾經有過的品質。

培養武德其實是件很簡單的事情，像《湯姆·布朗的求學時代》（Tom Brown's Schooldays）中說的那樣，昂起你的頭，直爽地回答別人的問題，其實這是誰都會的，但是如果你自己所在的環境就是那種讓有這種行為的人不斷吃虧上當的環境，那你怎麼能把他培養出來呢？你只能看著這種品質一點一點被磨掉。

小孩心中是有一個小小的內核的，這個內核在跟外界的接觸回饋過程中間有無數的反應模式，反覆刺激—回饋—修改，在這個過程中間成長。如果他在這個環境中間接受了持續的費拉訓練的話，那麼這個內核就漸漸變得汙穢扭曲了，像是一團揉皺了的碎紙片，那時候你就很難再把它展開弄直了。其實你不揉它以前它本來就是直的，用不著什麼特別的方法讓它變直。

Q68. 兒童玩競技類遊戲後，有人說只有爭強好勝一定要贏的孩子將來才有希望是人才；也有人說只有保持平常心、輸贏都不放在心上的孩子將來才是人才。請問該如何正確認知競技類比賽對兒童成長的影響？

這個一點關係都沒有。基本上就像是傳道書所說的那樣，捷足的人未必取勝，智慧的人未必得食，一切都看當時的時運。

一個人能不能夠被評價為人才，要看當時和後世他所處的社會自己認為自己需要什麼。也有當時不被認為是人才，而被後來的人認為是非常重要的人才，重新發掘出來並包裝打扮以後重新認識。例如王夫之就是這樣的人，他活著的時候幾乎沒有人知道他。

同樣的才能，在不同的社會結構或者說不同的生態位當中會得到截然不同的評價。例如在有些部落當中鐵匠是高技術人才，而在有些地方鐵匠是危險的賤民。技能是完全相同的，品格和才能之類的東西也是基本相同的。這就要看你所擁有的才能或者品德跟相應的社會結構的相容性有多大了。

Q69．您如何看待許多中國年輕人沉迷於網路遊戲的社會現象？

電子遊戲很好，比中國的很多課堂，不，比中國的大多數課堂都要強得多。所以我覺得楊永信和那些狗屁家長搞的那些所謂戒網癮的法西斯暴政，從根本上來講就是一種妄圖掐死新生生命的野蠻行徑。

如果是莎士比亞生在六十年代的話，估計他不會去寫那些劇本了，而會到好萊塢去寫電影劇本；如果他生在今天的話，就很可能變成一個網路遊戲的編寫者。如果羅貫中生在今天的話，他大概也不會去寫《三國演義》，他會去編寫一部以武田信玄和上杉謙信為題材的電子遊戲。

這些電子遊戲當然並不忠於歷史，但是忠於歷史的程度肯定超過中國的歷史課本。而且兩種不忠於的方式是不一樣的：現在的電子遊戲差不多發揮的就是古代通俗小說的作用，它不尊重事實，但是有邏輯上的一貫性；而歷史課本卻連邏輯上的一貫性都沒有。

Q70．您認為一個人從少年轉變為青年的過程中，成年的標誌是什麼？

這個要看你所屬的共同體是什麼。一般來說，成年和童年的差別就是，童年等於是一個半正式或者是非正式的成員，他還不屬於共同體。你跟小孩打交道的時候，普遍的辦法是什麼呢？小孩出了事情找他父母，或者是找他什麼監護人，因為他沒有完全責任能力。

變成成人，主要差別就是，要讓你獲得完全責任能力。而完全責任能力一般是一種帶有痛苦的東西，所以大多數原始部落的成年禮都是某種具有痛苦的儀式。例如有些部落要求快要成年的男孩子單獨或者是結成團，移到叢林裡面去忍受苦難，追蹤野獸，把打來的野獸帶回來，帶回來野獸以後，大家才承認他成年。或者比較更進一步的封建性的民族，成年禮多半與軍事有關，你要學會擊劍諸如此類的、射箭之類的技術，然後你才能獲得成年的資格。

Q71．如何治療注意力缺失症？

注意力集中時間，大體上講在嬰兒時期就已經固定了。在胎兒時期和嬰兒時期的早期能不能改變，我說不準。應該是可以改變的，因為這時候人的大腦還沒有定型。但是一般來說，到了兒童時期就不會再改變了。如果說階級地位是由注意力集中時間決定的話，那麼你潛在的最高階級地位已經注定了。

請注意，不是鐵定的階級地位，因為你可能不能夠實現自己的全部潛能，由於外部因素的干擾，而停留在比潛在可能達到的最高階級地位更低的地位。但是，這個天花板是固定的。也就是說，你嬰兒時期的注意力集中時間的長短，已經注定了你能夠達到的最高階級地位。

像牛頓，當時他是歐洲最聰明的人，他的同僚科學家說，他的特長就是能夠在別的科學家只能集中幾分鐘注意力的地方一連集中幾個小時的注意力，全然如癡如醉地陶醉在其中。別人是做不到的，只能集中幾分鐘然後脫出來，然後再進去，再脫出來。

Q72．如何治療拖延症？

拖延就是說你沒有做出決定，沒有做出決定就是說你其實還不知道你自己是誰。如果你已經知道你自己是誰，你最需要的是什麼——所謂「最需要」，不是理性意義上的最需要，而是你內心中有一種壓制不住的衝動。

如果滿足不了這種衝動，你會要死要活，像一個手被捆住的小孩子想要搔癢的時候搔不到那樣難受，非要搔到不可；有了這種衝動的時候，你是不可能有拖延症的。如果有拖延症的話，那就是你的衝動還沒有到，也就是說你還沒有發現你實際上是誰，你內在的需要是什麼。

Q73．您對青春期經常被欺負造成性格悲觀扭曲的人有什麼建議？

那是因為你沒有學會打架，學會打架的人一般不會這樣。這種心理很明顯是因為覺得不公平，但是又不能打架，憋著氣所造成的。

正確的方法就是要建立適當的打架程式，打回去就好了。經常不能打架，身體上得不到發洩，跟人類的自然天性是極為矛盾的。把這個出口給封住了以後，壓力會在其他的出口以扭曲的方式體現出來，使人變得陰毒狡猾，同時內在的扭曲也會使你的激素水準諸如此類的東西失調，增加癌症的風險。總之是種種不好，還是學會打架好。

退而求其次，如果打架實在不好的話，你至少可以買幾個沙袋來，在上面寫幾個名字，然後對著它狠狠地打。

Q74．對於社交有恐懼症的人您有什麼建議？

有些社交恐懼是由於血清素的水準造成的，但大多數情況下，那都只是一個階段性的問題，是你的季候還沒有到，還處在那種青澀的階段。青澀的意思就是說，你大腦裡面的經驗庫還不夠多，像是一個剛剛下棋的棋手一樣，腦子裡面的布局不太多，所以碰上別的棋手的時候你缺乏自信，你的棋路不足以衡量出現在你面前的各種新生事物，太多的新生事物使你神經緊張。

這個是沒有辦法也不必急的，等你的經驗庫逐漸充實，見到的棋路越來越多，漸漸的有朝一日你會發現，世界也無非就是這個樣子，然後你會對它們感到厭倦和鄙夷，而喪失敬畏之心，在這個時候你就不會感到緊張了。

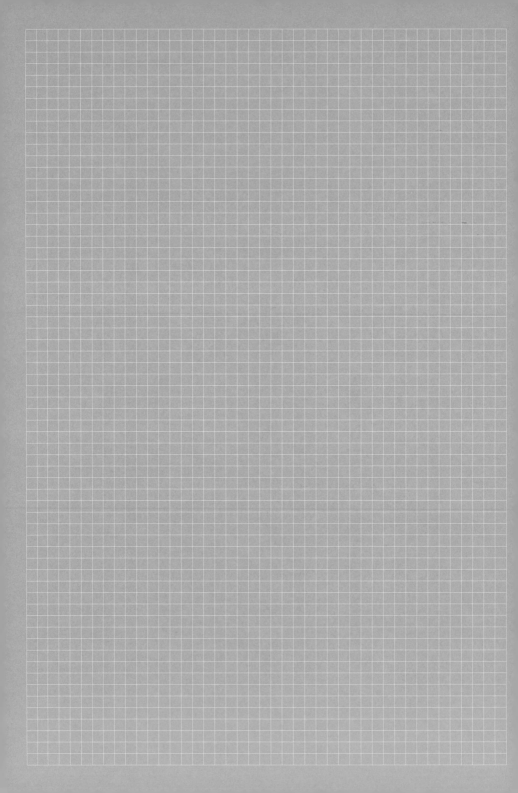

06

上大學是有害的

Q75．您能推薦一些學齡前兒童看的西方啟蒙讀物嗎？中國啟蒙讀物如《三字經》等，需要看嗎？

兒童的發現和兒童文學這個東西都是西方近代獨有的，其他的各文明肯定沒有類似的現象。就我自己的感覺來說的話，《三字經》、《山海經》諸如此類的東西，絕不是兒童心理能夠喜歡的。

你要我推薦書的話，我只能根據自己的感覺講。例如像美國的紐伯瑞兒童文學獎，凡是這個獎名下的書，很少有不好的。我自己特別喜歡《納尼亞傳奇》（The Chronicles of Narnia）系列和《清秀佳人》（Anne of Green Gables）系列，但是這個也沒有必要推薦給別人，西方的兒童文學

阿姨教我的 25 堂人生課

Lesson 10 ▶ 選擇配偶的主導權其實是在女性手上

除去家族出於長遠利益為男性選擇配偶之外，手握選擇權的一般是女性。有時女性會出於照顧男性的虛榮心，讓男人以為自己是處在主動地位，是他在選擇；但是十之七八的情況下，男人自以為自己在進行選擇的情況下，是女人在通過他進行選擇。

是極其豐富的。

Q76．為什麼東亞中日韓三國存在共性的填鴨式教育，明明孩子不快樂，而且高分低能，社會整體卻深陷其中？

實際上那是把年齡弄錯了，把本來應該在兒童時期搞的一些基本記憶力訓練放到成年時期以後。無論在哪個地方，成年以後的教育大多數不僅是浪費性的，而且還是有害的。

在你五歲以前那個階段，恰好是你學得最快的時候，你學到的東西都是最重要的，你接受的資訊是最多的。那時候，嬰兒整天盯著他周圍的環境，不錯過每一個細節，通過模仿和嘗試，漸漸的學到了最基本、最重要的東西。在那以後，所有的學習能力都是在不斷的衰減的。等到成年以後再按照記問的方法來學習，就完全沒有效果了。

記問的結果其實只是占用了時間，而這些時間如果用來觀察外界、解釋外界，同樣也可以得到大量的資訊，只不過這些資訊不大容易寫成書本的形式，不大容易寫成論文的形式，不大容易符號化。

所以教育並不是像它表面上說的那樣，它的目的只是為了給你搞出一種符號性的東西出來。把符號性的東西看得比真實的東西還要重要，實際上這是社會進入血管硬化階段的一個表現，最典型的就是東亞的科舉教育。這個特點不僅僅是科舉教育獨有的，其他形式的教育多多少少也沾染了這種特點，但是最典型、最僵屍化的教育無疑就是科舉制度。東亞當然是科舉文化影響最大的地方，負面作用也最多。這個其實都不用再詳細解釋了，因為這些弱點基本上都是老生常談。

關鍵是在於，為什麼社會需要這樣的符號性呢？就日本的情況而言，所謂東京大學的學歷和公務員的資格之間是一個同構的關係，而公務員的崛起則是因為封建主義的衰落留下了空缺，韓國和大清留下來的那個制度當然更是科舉制度，日本在近代以前基本上還是封建制度。而大清和朝鮮半島已經被科舉文化長期浸染，這樣長期的系統篩選就產生了階級傳統。

如果你產生了一個龐大的階級，這個階級已經習慣用記問之學的辦法和符號作為自己建立階級地位的根本，那麼他們肯定不會願意放棄的，因為這就意味著他們的階級傳統將會中斷，僅僅為了這一點，他們就會像是普通法學家一樣，把原有的模式傳下去。只不過他們跟普通法學家不一樣：普通法學家能夠使社會有機化；而他們卻會使社會無機化，把社會最精明、最有活力的一部分吸收進來，把他們的精明和活力消耗到最沒有用處的地方。

一個理想的教育制度應該是，在你很小的時候、記憶力極強的時候，就選用極少量的真正的經典著作，讓你在理解之前就把它記住，然後等你成年以後，你想起小時候讀過、牢牢記住但不解其意的東西，會自己去發掘其中的意義，這樣的經典著作必須是為數非常之少。

等到成年以後，大多數人都應該根據他自己發展的需要，斷斷續續的進行終身教育，也就是說如果你在某一個階段做某一件事情，你就應該學習與這個發展方向和這個年齡段相適應的東西。至少在你退休以前，這個學習過程是連續不斷的，不會說是給你一個畢業證以後，你就靠著你畢業的時候得到的一些知識就永遠不再學習了。極少數人，也就是社會的貴族或者是有閒階級，他們可以實行博雅教育。按照這種結構形成的教育才是對社會最有利的。

Q77．澳州中小學的上課時間是早上九點至下午三點半，大多數學生會利用課外時間來學習自己感興趣的課程。而中國中學的應試教育則是從早上七點至晚上十點甚至更長，我將其稱之為泯滅人性的奴隸訓練。您對此怎麼看？

教育如果是把你跟周圍的環境相隔離、減少了你的資訊輸入管道的話，那它真正的效果實際上是反教育的。教師教給你的那幾個方面給你了更多的資訊，但是它通過把你跟外界相隔離，也使你損失了許多本來可以獲得的資訊。如果你只算前一方面不算後一方面的話，那你也可以說學校對你有益，但是按照同樣的方法，你也可以說國有企業對經濟有益。

在這方面來講，活動時間的多少其實不是本質的，也就是說，所有封閉式的學校教育都是害處多而益處少的，開放式的學校教育在這方面的弊病要少一些，活動比較多、課時安排比較自由的學校教育在這方面的弊病更少一些。當然中國的教育跟監獄差不多，是最壞的，但是西方的教育在這方面也不是毫無毛病，只是毛病少了一些而已。

Q78．您對於不想上大學的人有什麼建議？

現在的大學跟以前不一樣。即使你很想上大學的話，也不是所有大學都值得你去上的，這是通貨膨脹造成的。一九六〇年代以前的大學，我是說英國的大學，基本上是值得一上的；一九六〇年代以後，大學是嚴重的摻水了。

即使是在英國，你在一九六〇年代以後上大學的話，也需要好好參考一下，一定要選擇那些老牌的、最好是一九六〇年代已經建立的大學。而且這些大學，你就要選擇那些老牌的學院，不要選擇後來那些掛靠起來、附加起來的學院。

在全世界其他地方，摻水的比例自然是更大的。所以現在談論是不是該上大學，很大程度是個偽問題。現在的很多大學，或者說大多數大學，已經不具備原來的大學這個定義所包含的所有語境了。如果你非要上大學不可的話，你一定要抓好資訊收集工作，只要那些老牌的大學和學院。

Q79. 阿姨推不推薦學習文科？

只有紳士才能做文科，也就是說，只有足夠有閒有錢的人才能夠做文科。任何以文科作為職業、以此為掙錢機會的人，不可避免地都會變成不同層次的無產階級，所以他們反倒是做不了文科的。像德布羅意這種人之所以要做一點學問，也無非是為了消遣，這種人如果碰巧也在文科體系內的話，也可以勉強算是現在的博雅教育繼承者。

現在真正的博雅教育繼承者，已經不會是那些自己就是窮光蛋、讀幾十年書以後仍然注定當窮光蛋的學術無產階級了，而是跟以前的英國貴族一樣，是本身就有錢，並不在乎自己是不是個學者、發不發表文章、寫不寫書這點虛榮，而是為了自己真正瞭解世界，或者是純粹為了滿足自己的好奇心而讀書的人。他們所讀的也絕不會僅僅是一個專業的書，而照例是要行萬里路讀萬卷書，通過各方面的綜合來形成自己對世界的認識。

Q80．對於人文社科無產階級學術民工，可能做成的最有價值的事情是什麼？

趁年輕，先寫幾首歪詩，然後像法國詩人蘭波（Arthur Rimbaud）一樣到非洲去當咖啡貿易商。如果是倒退一百年的話，你可以指望娶一個女繼承人，但是在遺產稅施行以後，這一招已經不管用了。所以最好是，無產階級一開始就不要學文科。

如果已經學了，而你還稍微有點興趣的話，

阿姨教我的 25 堂人生課

Lesson 11 ▶單身主義者是探索各種新奇可能性的實驗者

單身主義者就像是社會的先遣隊員一樣，為社會承擔了一種特殊的義務，他們可以像假面舞會一樣過他們的人生，實驗很多新奇的可能性，這些體驗既屬於他自己，也屬於整個世界。

趁年輕，你的興趣還敏感的時候，就把這個興趣發揮掉。然後等你足夠老了，遲鈍到沒有什麼興趣的時候，就去非洲賣咖啡吧。當年蘭波跟另一個詩人魏爾倫（Paul Verlaine）在布魯塞爾玩過一陣以後，最後也是決定去非洲做貿易商的。而且，蘭波他們至少還是資產階級子弟。

Q81．對於想學習理工科的人有什麼建議？

理工科的好處是，它能夠給你一種比較認真的思維訓練，在理工科摻假，不像在文科那麼容易。但是麻煩在於中國的理工科往往是只有技術教育的部分，沒有思維訓練的部分，這就把理工科教育最主要的優勢給取消了。理工科教育還有一個無論在哪裡都存在的劣勢，就是它的技術升級太快，知識老化速度太快，所以實際上把你鎖在上面了。

你只要一旦入了行，想擺脫出來是不大容易的，因為你必須不斷的跟上下一步的更新換代，必須去進入一個越來越窄的專業範圍內，更新換代越多，你越是向一個具體的小胡同裡面伸得越遠，就越不可能退出來，否則沉沒成本就顯得太高，結果搞到最後的話，你基本上是被你的專業捆綁住了。走到這一步，你想再換專業或者是再想去開闊視野，成本是非常之高的。

Q82．應試教育對人有什麼傷害？長期接受應試教育的人身上有什麼特質？

應試教育的產兒基本上都是知識分子，而且往往是沒有知識的知識分子，因為應試教育要成功，就要給人留下一種基本的價值觀，如果你不把這種基本價值觀融化在血液裡，你不可能成功的。

這種基本價值觀說白了就一句話：書面知識比實踐知識要寶貴得多。凡是不能寫成文章的地方性知識都是不可靠的，只有能夠寫成文章的東西才是真正的知識。而寫成文章的知識是好是壞，有一多半要取決於格式是不是正確。等你把這些基本的概念融化在血液裡以後，你才能夠變成一個合格的應試教育的產兒。但是做了以後，你差不多已經毀掉了。因為無論如何，形式總是不如實質重要，而書面知識相比地方性知識來說，也就是大海中間的一個小小島嶼。

Q83．阿姨說過讀萬卷書行萬里路是獲得大格局觀的重要途徑，但是我看有些周遊世界的留學生仍然見識平庸。請問這裡面是否還有思維方式和學習方法的問題，我想知道如何有效提升自己的大格局觀？如何從教育層面培養孩子的格局觀？

這是把關係搞顛倒了。貴族接受教育可以彌補直接經驗的不足，然後就在中產階級心目中引起了幻覺，以為是教育製造了貴族。但是從歷史發展的一般狀況來看，通過教育來提升階級地位，是貴族衰退、小資產階級開始取代貴族、無產階級開始敲打大門的時候的現象。他們沒有一次能夠實現目的。等到教育的門戶大開、普通的中產階級甚至是普通的無產階級都可以接受教育的時候，教育就沒有能力製造貴族了。

過去你是無產階級，在接受教育以後你就會變成學術無產階級。而學術無產階級在自己的行業當中，跟他在換了行業、繼續做工人農民的時候，階級地位其實是一樣的。真正的上層階級地位是來自於統治本身，除此之外沒有能夠真正提高階級地位的方法。

統治本身是需要一定的知識和一定的歷練的，所以教育是培養統治者德性的一個輔助部分，但並不是核心部分。

Q84. 美國大學特有的推薦信制度使得某些群體在競爭中更有優勢，請問這對於從小就送小孩進各種補習班寒窗苦讀，甚至犧牲童年的東亞人是否不公平？

這個才是唯一可靠的選拔人才的方式。你真正能瞭解多少人？頂多就是幾百人而已。對那幾百人——或者甚至說是你最瞭解的那幾個人，你非常清楚他什麼事情做得來、什麼事情做不來。你如果徇私舞弊的話，也只對你的小團體有影響。

如果僅僅為了機械化的成績而犧牲你那些具體的經驗，這些經驗有很多都是無法用適當的文字加以表述、更不要說是用分數等級加以表述的，把這些海量的地方性知識都刪除了以後，人類的知識還能剩下多少呢？恐怕是只剩下金字塔塔尖上的那一點點了。

至於那些頭懸樑錐刺股的科舉文人，老實說，他們根本就是無產階級當中耐力比較強的一類。除了耐力好和記憶力好以外，其他的德性頂多就是屬於平民階級的，不會更好。用這種人來取代依靠推薦制度搞出來的具有多樣性的、每個小團體都能產生出自己的精英的那種社會，很明顯是一種退化。一般來說，等到社會退化到這一步的時候，它已經弱化到很容易被人征服的地步了。

好的社會不是一個用統一標準、用統一分數來衡量的社會，而是由無數個小團體組成的社會，

阿姨教我的 25 堂人生課

Lesson 12 ▶「生育」需要有強而有力的文化刺激

人並不是天生就喜歡生育的，生育這個事情是需要有強有力的文化刺激，才能讓大多數人去犧牲眼前利益，指望將來能夠得到回報，即使回報不一定，而眼前的犧牲卻是一定的。有很多原始部落之所以人口長期不能繁盛，就是因為缺乏像是「多子多福」這樣的生育文化的刺激。

不同的小團體各有各的衡量和選拔標準。不同的小團體的人數都不要太多，使推薦的人能夠充分地瞭解他們的各種優點和缺點，尤其是要包括那些不可名狀、不可衡量的品質在內。

Q85．相對於大學高等教育，政府是否應該更重視培養謀生技能的職業教育？

職業教育這玩意兒實際上是不需要專門學校的。最合適的方法就是以各種打包的方式在網上出售，你需要哪一方面的東西，你買一個這樣的教育包就行了，職業學校一般來說都是多餘的。實踐的那一部分，你可以在工作場所通過師徒傳授和同伴互相切磋的方式學，這樣做比專門的職業教育要好。

博雅教育是唯一真正的教育，大學的本意就是指的博雅教育。大學都要普及，這件事情本身就是自相矛盾的，本來大學按定義來說就是給少數不需要為生計發愁的精英準備的，你上大學這件事情本身就已經表明了你的階級地位。除了那種可以不為生計發愁的人以外，其他人上大學對自己是有害的，對學校也是有害的。

Q86．您曾說知識分子起的是解構社會的作用，只有在一個社會行將衰老之際才會產生知識分子，所以美國的知識分子都是歐洲人和他們的學生，美國普通民眾是把他們當成怪胎的。請問這種說法是不是反智主義？哪種知識分子是起建構作用的？教法學家和神學家算不算？

沒有任何知識分子是起建構作用的，知識分子就是沒有共同體的人。巴赫是知識分子嗎？當然不是。華盛頓和傑弗遜是知識分子嗎？當然不是。但是地主華盛頓和傑弗遜的農業學知識顯然比任何大學裡面的農學家都要多得多，而且他的農學知識是結合實際、能夠造福本莊園和周圍鄉親的生活的，比純粹研究理論的知識分子要強得多。

他們是沒有知識嗎？當然不是。知識分子的特點不在於「知識」，而在於「分子」。任何時代的精英階級都有高級的理論知識和實踐知識，普通民眾也有實踐知識，只是沒有高水準的理論知識而已。知識分子作為分子，跟其他有知識的精英和民眾的區別就在於，他沒有自己的有機共同體。

教法學家當然是有他自己的教眾的。王陽明、張三豐如果沒有徒弟的話，那他是什麼？他什麼也不是。武當派的存在就說明張三豐是有有機性的。但張三豐如果是一個知識分子的話，那他就不會有一個武當派了。這就是兩者之間的區別。

有共同體，一般來說，即使有知識也不會被稱為知識分子，而是會被稱為土豪，那就是傑弗遜那種懂得農學的地主階級了。儘管他的知識比知識分子要豐富得多，但他不會被稱為知識分子。如果你已經被稱為知識分子了，那就是說，你實際上已經離開了自己的社區和共同體，不會再回去，你在世界上不再有根了。

Q87．可以談談送孩子去美國留學的利弊，還有更好的選擇嗎？

去美國留學是可以的，但是不要把留學的科目本身看得太重要。對於華人社會的中產階級來說的話，讀書這條路畢竟是他們走熟了的，走熟的路成本就比較低，但是你如果要一直把這條路走下去，以為一輩子都可以這麼走，好像是二戰剛剛結束的時候科技人員和中級行政人員還非常奇缺、高等教育能夠保證出路那樣，那就錯了。

合適的做法就是，你順著留學這條路把孩子送出去，然後讓他自己去尋找最適合的道路。等他畢業的時候可能就不是他原來選的那個專業了，但是掌握了一條通向西方的管道，多多少少總是有些好處的。

Q88．我是大一學生，現在感覺氣氛越來越不對勁，學校的環境也很難適應，請問當下應該做些什麼？

現在的大學已經沒有什麼價值了。其實我們首先要弄清楚一點，在任何時候，大學的主要價值都不是課堂上或者是書上教你的那些東西，它主要是給你提供一個社交網。在大學非常稀少、只有極少數精英才能夠進入大學的時候，這個社交網就是一個通向統治階級的門票。

你有了這個社交網以後，原先課堂上學的那些東西都可以扔掉不管的。就算是真正有用的，像理工科那樣實實在在、真實有用的東西，在你將來要用得到的知識當中也占不到 1%。如果是文科那些東西的話，其實反映的也不過是像時裝那樣的當時的流行思潮而已，就根本沒有任何價值。

在大學無產化的今天，你再把大學那些課程當回事的話，那就更加愚蠢了。無產化的大學並不像過去的精英大學那樣能夠給你提供通向上層社會的入場券或者是直通車。你在這樣的學校裡面形成的社交關係，跟你在父母的家庭和社區中形成的社交關係相比，階級地位沒有明顯的提高，因此主要的效果就是耽誤了時間。如果你把這些時間節省下來，拋棄那些對你毫無用處的課程，用來培養一些將來你真正用得著的關係網，那對你的未來才會真正有實質性的好處。

如果你的父母本身有那樣的關係網，這個書你其實是不如不讀的。如果你的父母本身沒有那樣的關係網，將來一切都要靠你自己去打天下，那你還不如目光敏銳一點，照史書上的說法就是尋訪豪傑，交遊豪傑，通過實際的社交和接觸，發現真正有德行、具有凝結核作用的人，這樣的關係網對你將來才有實質性的作用。

如果你只是守在學校裡面，那麼這幾年時間度過以後，等於是在培養關係網方面你是一事無成的，將來你畢業以後又沒有得到更好的階級地位，到新的環境當中去，父母的關係網對你沒有用，學校的關係網對你也沒有用，你必須從頭開始培養關係網，結果你不但沒有占到便宜，跟那些比你早幾年就在你後來的居住地開始培養關係網的人相比，你反而吃了虧。

真正的知識是不可言傳的，你只有在經驗當中、在知人論世的培養過程當中才能夠逐步的獲得它，別人教不會你。人的悟性和反應的敏捷度有先天的差異，但是如果不接觸的話，這種能力肯定會退化的。所以你需要的不是什麼死的知識或者什麼老師，而是需要各式各樣的環境，環境要盡可能的複雜，接觸的階級要盡可能多樣化，這樣才能對你有益。現在的大學，就算是以前曾經有過這個作用，現在也已經沒有這方面的意義了。

Q89・我最近開始當一個二年級孩子的英語家教，希望能以類似博雅教育或是接近母語的自然領會的方式去教授，以為會比時下身邊應試的練習技術更有教益。若想達到這個教育目的應該如何去教？自己該如何提升這方面的修養？

教育是一種類似於園藝的東西。被教育者所蘊藏的一切可能性都在他自己身上，或者說是上帝賦予的，或者說是大自然賦予的，並不是你這個園丁賦予的。園丁很容易做的事情就是用自己的偏見一葉障目，看中了自己喜歡的那幾種花草，把別的花草砍掉了。結果是，你想要培養的東西不一定能夠搞成，你砍掉的東西卻很有把握的被砍掉了。

所以優秀的教育者是一個懂得尊重自然的人，不能固執己見，自己原先的設想必須隨時修定。看到花園裡面長出來的東西有點像樣，即使那不是你原來想要的東西，你也要好好培養。看到某一些看上去像是雜草的東西，下手的時候不能太狠太早，因為有很多美麗的蝴蝶在年輕的時候都是很像毛毛蟲。

Q90．我兒子學習成績不好，語文、英語、數理化，都不好，現在去韓國留學，會不會因為學習跟不上無法畢業，四年後被遣返回國？

這個可能性挺大的。自己不喜歡的東西，別人沒法幫他喜歡。他一旦離開家，別人都管束不了他，就會按照自己的意志行事，那麼他原來不喜歡的東西，現在更會不管。但人總是有喜歡的東西。

一般人成績不好，也無非是兩個原因。第一，人的智力是分類型的。成績好不好，跟他聰明不聰明、能幹不能幹沒有關係，跟他的智力是哪個類型的關係很大。如果他碰巧就是那種視覺記憶型的——這個名詞是我胡編的，但是這個類型是確實存在的，我自己就是屬於這種類型——那他很容易被推入這個模式當中，變成一種以書面記憶為主的學習模式和文化模式的精英。

在這種模式中間，他不斷勝利，勝利得越多，自信心就越強，形成不斷加強的正回饋，這樣他就不用別人推著了。如果他正好是這種類型的人，那麼生在科舉文化當中算是走了點狗屎運。這個狗屎運將來有沒有好處，不好說，但是在科舉這個階段，對他是有表面上的好處的。

但他的聰明才智如果是另外一種類型，比如說是音樂感知型的、運動型的或者是其他類型的，那他在這個體系中間就會不斷受挫而喪失自信心，越受挫，越想逃避，越是不高興做自己不擅長的事情，形成惡性循環，那麼你讓他在這條路上浪費的時間越多，對他和對你自己都要壞得多。

當然也有些人不是說類型有差別，而是真的就不行，不是讀書這一行不行，而是無論做什麼都不行，但是這種人在比例上來講，至少沒有非讀書型的人比例那麼大。非讀書型的人，人數是很多的；做什麼都不行的人，人數當然要少得多。

所以你要首先考慮一下，他是不是屬於你想給他安排的這條道路。如果他根本不屬於這條道路的話，你勉強他的時間越多，對他和對你自己的害處就越大。在國內還是去韓國，都是一樣的。去國外，是給他把天花板的蓋子揭掉了。如果他本來就是這條路子上的人，你把蓋子給他揭掉了，他本來只能達到一級二級的，一下就可以跳到四級五級了；但如果他本來就不是這條路子上的話，這種做法用處基本不大。而且突然改變了環境的話，會造成什麼樣的刺激因素也不好說。

人的智力和能力，跟他對環境的熟悉程度是分不開的。你如果想讓他融入韓國社會、而他又不是讀書型的人的話，倒不如像是對待流浪漢或者是對待假定的文學青年一樣，給他一筆固定的津貼，讓他愛怎麼闖就怎麼闖，讓他順著自己的興趣和運氣去到處亂闖，也許還能夠打開局面。

Q91・二戰後，歐美的公立大學體系是否在有計畫地蠶食私立大學的資源和空間？如果摒除自左化的、娛樂化的、泡沫化的標準，當今世界逼格最高的大學，前五名您會排給誰，並請您解釋一下理由。

公立大學談不上是侵占了私立大學的資源和空間，它只是把學校本身變得廉價化、平民化和通貨膨脹化了。但是這樣做並不能夠真正改變階級結構，只是使一般人對階級結構的理解和把握變得更模糊了。

大體上就是這個樣子：所有促進平等的措施，實際上只是使下層階級發現真正的上層階級的技術難度有所提高而已。也就是說，在只有牛津和劍橋的時代，牛津和劍橋的學生必然是紳士的子弟；在人人都要上大學、大學生滿街走的時候，並不是所有的大學生都變成了貴族，而是大學畢業生的資格變得不值錢了，你就必須擦亮眼睛，在眾多都叫做大學的大學中間尋找那幾個真大學，甚至在老牌的大學中間，要尋找哪些是虛與委蛇、為了拿錢而設立出來的象徵性學院，哪些才是真正有傳統、有逼格的老學院。

這對於下層階級來說其實不但不是占便宜，反而是吃虧，因為下層階級發財還比較容易，掌握資訊和社會資本反而更困難一些。這樣做等於是釋放了大量的假信號，使他們更難找到通向上層階級的那個隱祕的門徑。現在你要尋找大學，那就不能按照大學來算，而要按照學院來算，因為同一個學校裡面會有很多種不同的學院。

有很多學院，比如說是在一九六〇年以後接收了某個富豪的錢或者是接收了某個政府專案捐助搞出來的，有錢不拿白不拿，但是這樣搞出來的新學院就是沒有階級傳統的學院；而古老的、早在中世紀就存在的老學院，才是真正有逼格的少數學院。

所以最簡單的辦法就是看時間：一九六〇年的《羅賓斯報告》（Robbins Report）是一個節點，一八八〇年前後的技術性綜合大學又是一個節點。大體上來講，就英國而言，一八八〇年以前就已經存在的大學和學院就是有逼格的；一八八〇年到一九六〇年之間成立的學院，雖然是大眾化的，以技術教育為主，而不是以紳士教育為主，但還是有逼格的；一九六〇年以後的學院就是極其浮濫的了。

Q92．把下一代培養成公立學校的優等生怎麼樣？

其實現在的話，你要培養公立學校的優等生是非常不划算的事情，因為你要付出巨大的時間成本，而學校的東西90%都沒用。以前你還可以說大學生出來就等於是公務員，包分配，現在什麼也不包了，你還學一大堆一點用處也沒有的東西，結果浪費了很多時間，比起一開始就混社會的人還要吃虧。

你看搞市場經濟的人有幾個是依靠文憑的。有文憑的頂多能當個打工仔，因為他對社會的——就是我所謂的地方性知識的瞭解，比一般的平民還要差得多，因為別人用來獲得經驗的那些時間，他都拿去學那些毫無用處甚至完全錯誤的東西了。

現在不像八十年代，八十年代到美國的人都還可以，現在到美國的就什麼人都有了，不能說明問題。但是純粹那種精英，我認為他們的適應能力是非常差的，他們的反脆弱性非常差。

這一點我可以肆無忌憚的黑他們，因為我自己原來就是他們當中的一員，所以我知道這種人的弱點在哪兒。這種人混江湖的話，如果離開體制、學校或者是軍公教集團那個序列體制的話，馬上就會變得像是剝掉殼的螃蟹一樣的軟弱無能，別人不來吃你就已經很不錯了。你要從頭開始學起，像小孩子一樣從頭開始學起，比其他一開始就混社會的人吃虧不少。

就是說，整個世界無論如何都是一個達爾文生態系統。即使在美國，也有像是本來混了一輩子混下來了一個終身教職、然後突然學校破產了這種情況。大學教師這種人的黃金時代也就是二戰以後那三十年，這個黃金時代已經結束了。那三十年是什麼呢，嬰兒潮，同時政治民主化，社會民主化。

以前是少數精英上大學，現在工人階級的子弟也上大學，而且人口不斷增長，於是大學教師

阿姨教我的 25 堂人生課

Lesson 13 ▶ 重視婚姻共同體的契約關係

母親和妻子同時掉進河裡，您會先救哪一個？當然先救妻子。如果放任妻子去死的話，那你就是違背了結婚當時許下的諾言。共同體是建立在契約之上的，你必須首先搞清楚你建立或者是加入這個共同體的時候需要承擔什麼義務，彼此對義務有清晰的認識，然後才有良好的憲法和政體。

隊伍不斷擴張，按照羅賓斯報告那種精神，於是他們過了一段小陽春的日子。但是現在人口進入老齡化衰減期，年輕人越來越少，而且精英已經太多，然後在美國也是這樣，精英太多了，培養出來的人太多，在這種情況下，大學教師必然要裁員。

Q93. 您對共和黨想要推行的教育券制度怎麼看？您認為理想的現代公立教育體系是什麼樣的？

教育券制度本質上是左派的。它的前提條件還是所有人都應該受到教育，只不過它比較尊重受教育者及其家庭的願望，給了他們較多的自由選擇機會。可以說，教育券制度代表的也是一種社會主義，但它不是代表我們傳統上所見的那種官僚社會主義，而是一種比較自由的、比較尊重個人選擇的社會主義模式。在它產生出來的時候，它其實也是跟它的母體芝加哥學派一樣，被認為是中左派的觀點。

現在它被認為是右派的觀點，那是因為從當時到現在，社會的整體傾向或者說是主管輿論的那個階級的傾向比當時是嚴重的左轉了，所以當時被認為是中左派的觀點，在現在看來已經是一個右派的觀點了。實際上沒有好的公立教育，所有好的教育都是私立的，公立教育本身就是一種極不健全的東西。它能不能夠通過教育券或者是其他諸如此類的方法改好，我個人是持高度懷疑的態度的。

按說的話什麼是教育呢？教育如果是提供知識的話，那你從出生開始一直到死都在不斷的接受新的知識，而且你也沒有任何理由說印在學校教科書上的那些東西就是真知識，而你從超市售貨員或者街坊鄰居那裡得到的知識就是假知識，顯然這是一個勢利眼而且極不符合事實的標準，教科書上有很多東西是假的或者沒用的，鄰居教給你的東西有很多是真的和有用的。

如果教育指的是提供價值觀，那麼價值觀和價值觀之間是沒有一個客觀的和普世的統一標準的，你最終沒有辦法說哪一種價值觀會比其他的價值觀要強，價值觀歸根結底，追溯到最後，都是要有一個信仰問題，而信仰是具有嚴重排他性的。所以我們所說的教育，其實說白了就是這兩種成分以不同方式的組合，一部分是價值觀，另一部分是知識。

這兩種東西通過學校來傳授，都不是效率最高或者是最可靠的方式。實際上你本身就是終生在受教育的，你想要通過學校教育增加你的知識或者是修改你的價值觀，那比起你通過經常住醫院來改善你的健康狀況來說是更加不靠譜、更加不合理、更加邏輯不通的。

它還會造成另一種認知錯亂，會使在學校裡面待得多的人自以為自己的知識比在學校裡面待得少的人要多。這一點是絕對不靠譜的，一般情況是恰好相反，因為學校裡面的知識來源比起社會上或者是自然界提供的知識來源是更單一一些。如果一個人因為醫院住得多就覺得他比醫院住得少的人健康狀況要好，或者說它在青春期住過醫院，就比在青春期沒有住過院的人健康狀況要好，這顯然是很荒謬的。

這兩種現象其實都是一樣的，但是大家卻只看到醫院這方面的荒謬，卻看不到學校這方面的荒謬。如果教育的意思是為了使被教育者幸福，那麼最重要的就是：第一，要有價值觀的堅定性和協調性，在這方面，學校教育是遠遠不如家庭教育、社區教育或者是教會教育的；第二就是提供硬知識，在這方面，學校教育又是遠不如職業教育和自我教育的。它沒有壞到那種必須像是納粹集中營一樣不打倒就不行的程度，但是也沒有好到像自由主義者吹噓的那樣可以用來改善不公正的社會、創造更美好未來的地步。

一個好的教育體系來自於什麼呢？首先就是來自於你投胎。你必須得投胎投在一個良好的、價值觀堅定、性格比較好的家庭裡面，在這樣的家庭裡面，等你快要長大的時候，你的價值觀已經差不多了，而且吸納知識的能力也沒有太大的問題，然後你在成長的過程中和接觸社會、接觸自然的過程中，有了好的價值觀和好的知識接納方式的話，自然而然的會大量吸收資訊。

你需要的資訊自然會吸收得比較多，不需要的資訊自然會吸收得比較少，這就像是你經常跑步自然會胃口大開，需要多吃些東西，整天坐在家裡面自然會胃口小，覺得不那麼想吃東西，是一樣的道理，你根本沒有必要根據醫科生編的營養教科書說是所有人都應該吃多少多少蛋白質，那完全不對，你活動得多自然就需要多吃一些，活動得少自然就需要少吃一些，這些都是可以自動調節的，根據書上寫的東西反而會誤事。

在這個過程中間，你如果需要的話，上一上學也是可以的，但是並不是必不可少的，更不具備學校教師所鼓吹的那種重大意義。在這方面，學校教師、知識分子或者是輿論主導者不是一個公平的判斷者。他們所說的好壞，跟商品推銷員對自己商品所說的好壞一樣，有一定的價值，但是並不是公正的，而且也是不可能公正的。

Q94. 如何培養愛國主義傳統，共同體的生命力、凝聚力以及歸屬感，健全常識等，是否政府和公立學校教育很難達到？

如果你把手指按到玻璃上，留下的指紋肯定是你自己的指紋。你想要留下別人的指紋，或者想要留下一個公正無私、像世界語一樣的指紋，那是不可能的事情。任何團體都像是你留在玻璃上的指紋一樣，自然而然地派生出自身的特點和利益出來。

所以公立學校當然也不可能真正公立的，任何公立學校反映的都是國家本身的需要。無論是狹義的，就是民族國家產生以後的公立學校，還是廣義的，把歷史上所有為國家培養服務人員的機構（例如漢武帝為羽林子弟建立起來的那些軍校，突厥人為奴隸禁衛軍建立起來的那些學校，伊朗世界的專家治國論者建立起來的那些學校）統統算成是公立學校，它們體現的都是淩駕於、外在於原有社會的國家的需要。它們所謂的「公」，就是相對於特殊法團或者原有社會的「私」而言的。

當然，所謂的健全常識是不用培養的，任何人都有健全常識。如果有人強調抑制健全常識以獲得超越性的視野，那無非是因為他自己的特殊利益需要這麼做。例如，知識分子是需要這麼做的，或者為公務員和候補公務員服務的那些機構是需要這麼做的。所以，培養和不培養都是扯淡的事情。

Q95．留學跑路，考慮讀完後的前途。是選擇實用技術一類還是像法律、管理、金融等實用的專業較好？地方是今後的美國保守/聖經州好還是紐西蘭好？或者您有什麼別的推薦？

最核心的問題你是不能問別人的，只能問自己。對於你自己不喜歡和不擅長的專業，無論外部的條件有多麼好，對你都是不適當的。你自己喜歡的專業或者是擅長的專業，無論外部條件有多差，對你都是最好的。外部的條件是彌補不了你自身傾向性或者自身條件所造成的基本盤的。

如果你自身的條件合適，外部的條件要更好一些，當然是更好的；但是如果你自身條件不合適，外部條件再好，對你都沒有好處，反而會白白的耽誤你的機會，讓你最後在為時太晚的時候、需要轉身的時候損失更大一些，機會成本損失得更多一些。

如果你居然不知道自己擅長什麼，那就是非常危險了。一個人不知道自己喜歡什麼或者擅長什麼，十之七八，他已經處在自己不喜歡或者不擅長的那條道路上，身邊的環境對於他來說是陌生的、缺乏良好回饋和互動的機會。這樣一來，他不僅是現在不擅長或者是不舒服，而且失去了適當判斷自己擅長什麼或者不擅長什麼的良好依

阿姨教我的 25 堂人生課

Lesson 14 ▶ 正向看待小孩的早戀

任何事情，哪怕是騎自行車，都要經過實習的，實習的過程中間總要摔N次的。早戀也是一種實習，缺乏早戀經驗對以後是不利的，因為你一開始就不跟異性打交道的話，將來是不可能學會得體的舉止的。

據。這種情況是極其危險的，但是一般來說是沒有辦法的。你得仔細考慮自己是不是處在這種狀態下。

同樣，什麼地點對你合適，那是取決於你自己是什麼人，你想要得到什麼。不同的人想要得到的東西不一樣，他跟不同的社會能夠融合的程度也是不一樣的。紐西蘭是適合於那種想過舒服的小日子、沒有重大野心的人，但是如果你對世界有強烈的野心的話，那你就必須到世界的中心去，也就是到羅馬去。

07

大多數人終生都達不到自己的天花板

Q96. 請您說些提升格局感的學習方法，不是大歷史方面的格局，而是個人生活中具體情況分析的格局感。

我覺得有一部分應該是天生的。要同時在大腦裡面掌握幾個不同的層面、而不把不同層面弄混的話，這就需要有一定的精神集中的能量。我在學習高等數學的時候經常就感到，牛頓和萊布尼茨那些人能夠輕而易舉的同時玩幾個層面那種把戲，我就玩不來，我經常是只能夠抓住一個較低層面，然後放到另一個層面的時候，原來那個層面就忘掉了。

我相信世界上還有一些精神能力比我還不如的人，對於我能夠輕輕鬆鬆同時抓住的幾個層面，他們就抓不住，他們就只能夠抓住某些具體的層面。這種情況，不知為何，反正是在勞動階級中特別常見，我也不敢完全肯定是因為遺傳的緣故，還是因為後天訓練的緣故，但反正是經常看到他們，如果是不能夠抓住某些非常具象化的東西的話，基本上就沒辦法進行抽象思維。

如果是在假定天賦能力不變的情況下怎樣訓練，那就要有很強的同理心，就是說你要能夠設身處地的代入各個不同的角色，這是第一步。代入各個不同的角色，就是要站在他的立場上，體驗他的環境，對他所在的環境有充分的掌握，然後假定在他的環境之下可以採取的各種博弈策略，然後換一個角色再體驗一下。

最後這一步是最難的，就是說，在你差不多已經能夠體驗到所有主要角色設身處地的博弈策略以後，你要能夠像分身法一樣，同時進入不同的角色當中，進行一種多人——像是一個人同時下幾局棋一樣，進行多角度的博弈。往往在這個步驟上，你的緊張度就會上升，心理能量就會撐不住。能夠撐到什麼程度，那是各人條件不同的。如果撐不住的話，最好不要硬撐。看你能夠達到的最高境界，就看你能夠撐到多高的層次。

阿姨教我的 25 堂人生課

Lesson 15 ▶ 不對小孩說出善意的謊言

你要相信他是有腦子的，而且他的腦子多半比你正在衰退的大腦還要強一點。所以，你就不要假定你說的那些東西會構成他認知的底色或者基本框架了，你就假定你說出來的東西跟你在咖啡館裡面對別人說出的話沒有什麼區別。

Q97．您貌似十分擅長透過千差萬別的表象和意識形態的干擾，看清事物的實質，彷彿事實就在你眼前，這是什麼原因？

所有人都會畫地圖的，那要看你的目的。你如果要畫旅遊地圖的話，那你就畫黃山和峨眉山那些地方，成都市對你來說是完全不存在的；你如果要畫一個大學的地圖，那麼成都和武漢是挺重要的，黃山和峨眉山在地圖上根本不存在；你要是畫一個軍用地圖，那麼武漢還有一點重要性，成都可以忽略不計。

同樣一個地形，你可以畫出三種、三十種、三百種不同的地圖，全看你自己的目的。目的清楚，畫地圖是不難的。需要的線索，把它畫上去；得不到的線索，暫時留白就行了；不相干的線索，撇在一邊。這個不相干線索只是針對你現在的這個目的。換了一個目的以後，這個不相干線索就變成核心線索，過去的相干線索就變成不相干線索了。

所以冗餘資訊很多，其實只是當事人自己沒有搞清楚自己想要得到什麼，或者想要瞭解什麼。得到什麼和瞭解什麼又是兩種不同的畫法。

Q98. 判斷和見解根基於資料，有些資料看不到，就會得出偏頗的結論。您找資料的習慣是什麼？普通人靠純粹的好奇心也能培養嗎？

這個要看你製造體系的能力。你眼睛能夠看到的東西是取決於你的大腦的。你對於你不感興趣的東西或者你沒有天賦的東西，一般來說看到的就是一些龐雜的資訊。雖然實際上同樣的材料是有的，但是在你眼中卻是亂七八糟的東西。

比如說，新幾內亞人或者印第安人，他們雖然不識什麼字，不會寫什麼書，但是他們對他們部落所在的自然環境肯定是相當熟悉的。這一個野花叫什麼名字，那一個野草叫什麼名字。這個森林裡面的樹枝是這個形狀的，長了什麼黴菌，說明野兔是不是經常經過。自然界對他們就像是一本翻開的大書，他們看得一清二楚。

而我走到同樣的森林或者草原上去，我看到的是一些龐雜的材料。這個樹，那個樹，亂七八糟的。這個草，那個草，亂七八糟的。你們全是亂七八糟的，我在那裡走了幾個小時以後什麼也沒看出來。而一個印第安人或者新幾內亞人走過去，在幾分鐘之內就能判斷出，這個方向有很多松鼠，那個方向有很多兔子，如果要捉幾隻兔子就往那裡走，而往這裡走是徒勞的。

這些東西對我來說是完全看不出來的。這個印第安人或者新幾內亞人的腦中有一個關於自然環境的認知圖，他事先就已經抱著好奇心和期待，知道應該到哪裡去尋找兔子出沒或者松鼠出沒的痕跡。而我一點也沒有這方面的背景知識，也沒有相應的好奇心。

大多數人對於歷史材料或其他什麼材料，也都是用我看待印第安人世界的同樣方式，就只有龐雜的、亂七八糟的東西，哪個皇帝上台了，哪個皇帝垮台了。片面地相信文字材料告訴你的所有東西，就像是蘇聯的大多數讀者相信《真理報》一樣，很容易就被欺騙或者誤導了，看不出背後的東西。

但是，你如果內心深處有一個框架，比如說有些波蘭人或者猶太人就有一個框架，就能從《真理報》的字縫裡看出字來。比如說，某一位領導人的照片過去經常出現，今天突然不出現了，而文字內容一點都沒有改。他立刻就敏感地發現，政治局再過幾個月就要發生政變了，某某人要失寵了，某某集團要垮台了。同樣的東西，一般的讀者完全看不出來。為什麼？因為這個波蘭人或猶太人的腦子裡面有一套關於蘇聯黨內鬥爭的認知框架在那裡。

有這個認知框架，他事先就抱著期待的好奇心。跟他的框架不同的地方，就好像印第安人看到他經常走的草原或者森林裡面某一根樹枝折斷的方向不對了，跟他平時預期的方式不同，他的大腦立刻就開始動起來了，思考這是兔子經過了還是狐狸經過了，然後經過適當的推論，六、七成正確的結論就出來了。而我看到同樣的東西，我甚至不覺得它跟平常有什麼不同，因此同樣的材料就被我忽略過去了。

你要是沒有相應的認知圖，那麼所謂生僻的材料在你眼前經過你也看不出來；如果你有認知圖，相應的材料從眼前一瞬經過，就會引起你的注意。甚至是，你以前曾經看過，存在你記憶的角落裡面，沒有引起注意，然後隨著你的認知圖的改變和發展，你突然會想起來，這個材料的意義跟原來不一樣，或者是某一個蛛絲馬跡應該到什麼地方去找。

一般的讀者在這種情況下只是淡淡地看過，就像你平時在等公共汽車的時候隨隨便便看兩張舊報紙一樣，看過就忘了。其實也不見得是忘了，就是扔在記憶的垃圾堆裡面，永遠不會派上什麼用場。這樣一來，你就以為這是生僻的材料，其實它並不生僻。生僻的材料會引起注意，那是因為你的大腦裡面有一個事先已經準備好的認知圖在那裡。

人的認知結構就是這樣的，人不是依靠眼睛看東西的，而是依靠大腦裡面的那個看不見的認知圖來看東西的。你眼中認為是生僻的、很難發現的或者很難記憶的東西，對於訓練有素的印第安人來說並不生僻，而且只要稍有風吹草動就會引起他的特殊注意。

Q99．如何從現象當中抽出結構？

你要從現象中間抽出結構，那麼有些碎片的東西確實是可以刪掉。這就需要有一種尋找線索和脈絡的能力。這種能力有點像是一種拼圖遊戲，有點像是測色盲那種圖案。

那個圖案就是那樣的：一大批色彩中間有一個數字，比如說88，它的顏色跟周圍不一樣。你一眼就能看出88，那就說明你能夠分辨它跟周圍的顏色有什麼不同。

如果你的反應比較慢、沒有看清楚的話，那就只看到一些碎片。你開始第一眼看的時候肯定是各種碎片式的顏色，但是看久了以後你就慢慢看出，那個背景之上是有一個數位的，那個數位是88或者56。你能夠分辨出88或者56這個數字，就說明你是能夠分辨顏色的。

但是你能夠分辨顏色，你也不會一眼就看到，你一眼看到的肯定就是很多小片的顏色。定一定神，慢慢看上去，數位就顯示出來了。脈絡就是這樣搞出來的東西。你如果湊得太近、只看見一部分、看得非常細的話，那反而是不容易顯示出脈絡。

但是脈絡肯定是存在的，任何現象中間都有重要的和不重要的，可以忽略的和不容易忽略的，而不容易忽略的也是有檔次差別的，這個檔次差別就是我所謂的層次和結構，是要慢慢顯示出來的。你得一步步後退，在足夠遠的、視野足夠大的時候把整個圖景都納入眼中，還要一步步分析出色彩層次的不同，然後從層次中間剔出線索來。

你知道，人腦工作的程式不是像一般的想像，認為是記憶、收集材料什麼的。恰好相反，人腦的工作程式主要是刪除。在眾多的資訊中間刪除大部分，留下一部分，最後剩下來的東西形成你的認知圖景。其實我們人都是色盲，大部分世界，我們的眼睛是看到了，但是我們的大腦把它刪掉了。我們自己不覺得，是因為已經習慣了這一點。

如果蜜蜂或者老鷹之類的生物能夠說話、能夠表達牠們的感觀的話，牠們就會覺得人其實全都是色盲。而且色盲的原因是在腦子裡面，它用自己的認知結構來刪掉大部分資訊，然後才能形成一個前後連貫的認知結構，然後才能根據這個認知結構做出有效反應。這個建立有效反應的體系，通俗地經常被稱為是人的理性。

人的理性是什麼呢？它就是刪除多餘資訊的一個過程。剩下的少量資訊可以組成一個前後連續的整體，然後你才能夠組建因果性和相關性，進行相同的反應。但是你確實不能排除這種可能性：其實理性是一種特殊的瘋狂。

你以為理性是能夠前後連貫、建立因果關係的，其實你是建立了錯誤的因果關係，因為你把多餘的資訊刪掉了，而多餘的資訊很可能是重要的。確實存在有一種可能性就是，你假如全部瞭解了充分的資訊，你不但不會得到真理，反而會陷入一種瘋狂的、無法理解、整個理性完全崩潰的狀態。

你看這個草莓，我們所有的人都看得到這個草莓，但是毫無疑問，我們大腦裡面形成的草莓圖景是不一樣的。因為我們沒有辦法像電腦那樣把大腦裡面的圖景完全抽出來，然後拿出來比較，但是假如有一種技術能夠掃描我們的大腦，把我們看到的這個草莓拿出來比較一下，肯定是每個人看到的草莓都不一樣。

你看《四福音書》，我記得有一位牧師曾經說過，它有5%的敘述不同，有95%是相同的。為什麼會這樣？恰好是因為它是真實的。幾個不同的見證人從不同的角度來記述他們看到的東西，因此結果肯定就是這樣的：大格局基本相似，但是細節上有一定參差。只要你說的是真話，你肯定不會說的完全一樣。如果是幾個證人全都說的完全一樣，那不但不能夠證明它是真的，恰好證明這幾個人全都在作偽證，他們是約好了串供的。只有在約好了串供的情況下，你才能夠把所有的敘述都說得一模一樣，像聯共（布）黨史一樣準確無誤。

如果是你事先沒有商量過，彼此之間各自作出敘述，而且大家全都是說的真話的話，那麼結果肯定就是：有重合的部分，也有參差的部分。從細節上來看，各人都說的不一樣，你很難分清楚誰對誰錯，而且有些部分是你永遠考證不清楚的；但是在這個參差下仍存在一個基本脈絡的一致性，證明這件事情確實是發生過的。

Q100. 知識界的共識應該是怎樣的？

我認為知識界不應該有共識。別的什麼人都可以有共識，唯獨知識界不應該有共識。知識界對公眾有什麼用處呢？就是百家爭鳴。這樣做可以深化各方的理論體系，把盡可能多的意見提供給公眾。這樣做，公眾才能有足夠多的選擇。

換句話說，正是因為你有不同的意見，你代替公眾思考，替公眾想到了他們原來想不到的各種奇奇怪怪的點子，所以你才有存在的價值。如果一個麵包師不想著推陳出新，把我的麵包做得跟其他麵包師做得不一樣，而想著跟別的麵包師達成共識，今後咱們大家都做一模一樣的麵包，讓公眾都吃一模一樣的麵包，你覺得這個麵包師的主意很好嗎？我覺得他的主意很糟。

任何人都可以達成共識，唯獨知識界不要達成共識。知識界就是應該意見分歧，盡可能地提出各種不同的意見，哪怕這些不同的意見中間絕大部分是荒謬的，一百萬個荒謬的意見中有一個新奇而不荒謬的意見，就已經達到目的了，因為這就是你的使命。背棄這種使命，去搞什麼共識，這是完全沒必要的。「共識」是什麼人搞的？是麥克唐納（James Ramsay MacDonald）這種人搞的，是保守黨和工黨搞的，是擁有巨大實力的黨派政治家所應該做的事情。

Q101．讀知識分子的著作和歷史，如果腦力還不夠看出背後的謊言與真實，有什麼標準能避免讀書讀成傻瓜。閱讀一些保守派、右派知識分子寫的書是不是能躲避一些坑？

這個不行，讀書是不能把人讀得聰明的。如果有些讀了書的人很聰明，那不是因為他讀書才變得聰明，而是因為他聰明，才讀得進很多書，因果關係是不能倒置的。如果你天賦不夠聰明、直覺能力不夠強的話，一般是越讀越傻，因為這樣做，你接觸的資訊來源就變得更簡單、更單一了。

人的智力高低跟你的資訊來源多樣化程度是有關係的。如果你把小孩養在一個很單調的環境裡面，他的智力就發育不起來；如果把他養在一個豐富多彩的環境裡面，他的智力就會發育得很高。

讀書讀多了，就等於是把本來還比較多元化的資訊管道縮減到一個比較簡單的環境裡面，所以是幫倒忙的事情。有些人讀了很多書，很聰明，就像我剛才講的那樣，是因為他本來就是聰明人，本來不聰明的人是不能用這種辦法來變得聰明的。

一個人的直覺能力如果強大的話，他肯定能夠分辨出「楚門的世界」的不協調性。你想，楚門生活在楚門的世界裡，他怎麼會發現他自己的世界不是真實的？他就是覺得不對勁。

如果你是一個很細心的女人，早在你抓到丈夫出軌的證據以前，你已經隱隱約約的感覺到他對你的態度有點不對勁的地方，但你說不出不對勁的地方在那裡，還覺得自己可能是太多疑了，但是最後等到證據出現的時候，你才發現自己原有的直覺是正確的。你仔細分析一下，這個直覺其實就是各種下意識的不協調資訊造成的。你的理性層面還沒有把不協調資訊不協調在哪裡發現出來，但是你的下意識已經感覺到不對勁的地方了。

有一個故事說是一個老海關官員看到一輛車經過他的關口，他直覺不對勁把它攔下，果然是走私了很多黃金，但是他自己都說不清楚他到底覺得什麼地方不對勁，但他就是覺得不對勁。過了好長時間他才發現原因在哪裡，原來是車上裝了黃金以後，比正常的車要重，而他報關的時候說裝的是棉花，這樣的車應該是比較輕。

老官員經驗豐富，他見過很多裝棉花的車，知道這樣裝棉花的車在路上壓出來的轍痕是很淺的，但是看到的這輛車在路上壓出來的轍痕很深，他就直覺不對勁，不應該是裝棉花的車。然而他還沒有想明白原因就先扣下來檢查，檢查之後才發現他原來的直覺是正確的。直覺感覺到的不協調就是這個樣子的。

在車站檢查身分證的那些公安人員其實也有這種能力，他們不可能說是把每一個經過車站的人都攔下來檢查一下，他只能是直覺的看到某某人獐頭鼠目、眼神飄忽，就覺得這個人可能不對勁，攔下來看看你有沒有身分證。這樣做不是絕對準確的，如果按照政治正確講歧視的邏輯來講的話，那就叫歧視，但是實際上按照概率來說的話，態度慌張、有躲閃傾向那種人，是犯罪分子的可能性是比較高。

當然絕不是排除有些心理素質特別強的犯罪分子，儘管犯了很大罪，也沒有什麼證件，但還是理直氣壯大模大樣的過去了，結果騙過了普通的公安人員，還有很多膽小怕事的、沒有見過世面或者是性格特別羞澀的人，明明自己什麼破事也沒有做，證件都是完好的，但總是畏畏縮縮的樣子，反而被員警懷疑了，這種情況是有的，但是大致上七成的比例是正確的，直覺的判斷力還是很管用的，至少可以起初步篩選的作用。

你需要的就是我剛才描繪的這種能力。這種能力取決於兩大因素：第一是你先天的智力，先天智力不行的人是怎麼也教不好的；第二是取決於你後天獲得的經驗是不是足夠豐富多彩，經驗越是豐富多彩，你的直覺判斷力越強。

讀書可以增加經驗，但是讀萬卷書跟行萬里路、見各式各樣的人相比是稍微差了一點，因為它是用間接手段代替直接手段。有間接手段比完全沒有要好，但是不如直接手段，也不能完全替代直接手段。

Q102．什麼是情景模擬能力？

所謂智力，本來就是模擬的意思，本來就是通過語言和交際圈形成的。它形成的動機就是，讓比如說一個部落中間的一個人，能夠在通過語言和其他人交流的過程，事先設想出其他人會有什麼樣的反應。

人和其他動物的不同，主要就建立在這一點。所謂的文明，所謂的智力，說穿了就是一種模擬能力。模擬能力的大小有可能有部分是天生的，例如你的記憶體若比其他人天生就大一些的話，那你能夠掌握的模擬庫天生就比別人要多一些。

但是如果不考慮這一點，在同一個層次內類比的好壞，那主要看你行萬里路和讀萬卷書的多少，這就相當於一個棋手大腦裡面掌握的棋路是多少。這個其實就是一個簡單的訊息量問題。棋路越多，相對於棋路更少的人來說的話，就擁有巨大的優勢。別人大腦裡面的棋路，在你看來都是你已經走過的。你看他最初走出幾步或者是十幾步以後，你就知道他後面會走哪些步了，因為他走的這個棋路是你早就走過的。但是如果你大腦裡面的棋庫沒有別人的棋庫多的話，那就是你在他面前看上去是透明的了。

古典教育強調的那些古典文獻和歷史，其實也就是讓你瞭解一些你本來沒有親身經歷過、但是在歷史上曾經出現過很多次的經典棋庫，就像是一個棋手在學棋的過程中把古代名家曾經下過的棋庫先學習一遍那個樣子。因為人性是變化很少的，在古代曾經如此這般走過的棋路，在將來很可能是會重新出現的。

Q103. 阿姨有沒有遇到書看不懂而無法繼續的時候，有的話該怎麼辦？

這是不可能的。事物的基本模型，數量是很有限的，你很容易就可以判斷出基本模型在哪裡。一般的書的話，你應該是只看目錄或者最初幾頁就大致上能夠判斷出它的基本路數了。

重複是大多數，創新是很少的。而且，絕大

阿姨教我的 25 堂人生課

Lesson 16 ▶培養小孩的毅力，最重要的就是練習獨立

毅力只有在獨立生活狀態下才能培養出來。最佳的獨立生活狀態其實是像魯賓遜或者像美國西部那些農場主那樣，自己去弄一塊地，自己開荒，自己去闖。但是記得，無論天花板是高是低，能不能夠達到你可能達到的最高天花板，都是要看童年和少年時期的訓練的。

部分獨到的地方都是體現在文體和文風方面，如果你是從思想模式這個角度來看的話，世界上的新鮮東西是非常之少的，比你想像得要少得多。

Q104. 什麼情況下記筆記有意義，什麼情況下記筆記沒有意義？

最好是根本不要去上課。做筆記，如果是看到書或者其他地方有什麼獨到的感想、或者是想出了什麼可以驗證的方案的話，那就需要做點筆記，但是這跟上課基本上沒什麼關係。

對於理科生來說，會做實驗是最基本的。如果會做實驗的同時自己還能夠靈機一動，能夠自己設想出別人沒有教給你的實驗，那你就是天才了，上課是可有可無的。

對於文科生來說，你要自己有興趣讀書，而讀書的時候還能自己想到各式各樣的點子，上課同樣是可有可無的，一般都是浪費時間的事情。

Q105．現在我們獲得資訊的管道有很多，應該如何區分資訊的真假，找到我們真正想要的資訊？

區分具體資訊的真假不是很重要，因為假資訊可以分析出真正可靠的結論，真資訊也可以分析出完全不可靠的結論。這就是我為什麼我認為沈志華和楊奎松儘管掌握了很多真資訊卻沒有分析出真正的結論。有很多假資訊能夠說明你分析出真正的結論。

比如說像是「田中奏摺」，現在我們都知道這其實是一份偽造的文件。它說日本軍方和內閣正在策畫怎樣分割滿蒙分割中國，但是現在大家都知道這是完全捏造的。但是，捏造的東西也可以告訴你一些真實資訊。它說明什麼問題呢？說明當時中日之間的關係是多麼微妙，而且日本國內各政治集團的博弈前景不明，有很多人都在懷疑這種博弈最終的結果會使日本把內部的憲法鬥爭釋放出來的能量外向化，把國內的政治鬥爭帶到亞洲大陸來。

這在霸權國家當中是非常常見的。羅馬的黨內鬥爭往往就會以在海外發動戰爭的方式來解決，美國其實也是這個樣子，所有霸權國家都是這個樣子的。日本國內的憲法鬥爭在解決不了的情況下，它可能通過拓殖滿蒙來解決它的國內危機，這種可能性已經是迫在眉睫了。

而且由於相互猜忌的緣故，即使日本人原本沒有這樣的打算，就因為中國方面懷疑你想這樣，那麼雙方都會不得不做戰爭準備，雙方做的戰爭準備越多，那麼戰爭就越有可能爆發，這就是預言的自我實現。在這種情況下，「田中奏摺」儘管是假資訊，但它卻傳達了很多真實的內容，你完全可以從假資訊中間判斷出真實的格局來。

所以，資訊真假本身不是關鍵，本身其實是比較次要的問題。關鍵在於，你能夠在各種紛繁雜亂的資訊中間讓格局自動顯現。

打比方說，如果你是一位學過圍棋的人，你肯定知道圍棋都是有布局的。實際上，圍棋水準的高低不是憑你具體的下某一步棋的路數來看的，而是憑你判斷格局的能力。

如果你能在別人看不出格局的情況下正確地看出格局，而且通過格局能正確分析出對手的動向，用自己的格局去控制他的格局，那麼你就是一個圍棋高手。如果你看不出別人的格局，而別人卻識破了你的格局，而且別人的格局能夠拖著你的格局走，在這種情況下，你就是一個低手。如果你看不出別人的格局或者看錯了別人的格局，你就是一個低手，你下棋是一定會失敗的。低手和高手的區別就在這裡。

Q106．如何提升判斷格局的能力？是不是一方面是通過不斷練習，一方面是靠天分？

天分是你的天花板。我想，我們大多數人終生都達不到自己的天花板。也就是說，你的潛能很大，但是你從來沒有把你的潛能全部發揮出來。所以，不管你自己認為你有多牛逼，從現在開始，你一定可以通過練習來接近你的天花板。

你的天花板不是無限的，哪怕你是愛因斯坦，你也越不過天花板，只不過你的天花板可能比別人高一點。你自己不知道你的天花板有多高，你只能通過探索來發現。所以，不要太早認為你已經達到了天花板，這是比較妥當的辦法。

什麼是最好的判斷格局的方法？我想就是自古以來紳士或士大夫所說的博雅教育。為什麼要讓你學歷史？他可不是讓你背誦拿破崙是什麼時候出生的，或者讓你考證史達林在哪一通電報中間改變了決定，決定允許毛澤東參加朝鮮戰爭的。這些東西你學了以後對你一點幫助都沒有，一點都提高不了你的理解能力，提高不了你的智力，提高不了你在達爾文世界中的生存機會。

所以它不是真正的教育，除了對於專門在歷史這個行業裡面當技術員混飯吃的人以外，這種教育對你是毫無幫助的。對你有幫助的就是古人所謂的博雅教育，它要求你博覽群書，瞭解古今中外的歷史。古今中外的歷史是什麼東西？它就是無數的子系統，體現了無數的格局，無數歷史人物在各種歷史格局之下採取的博弈策略。

就好像說，你在學習圍棋的時候，師父要教給你一大堆棋譜，就是古代和今天的名家下出的各種棋局。你首先要理解這些棋譜，胸中要有幾百種甚至更多種各種不同的棋譜，放在眼裡，然後下一步你自己下棋的時候才能下得動。棋譜表面上看有幾百種，但是基本的那部分只有幾十種。所謂有幾百種棋譜，就是說，我有「自然棋路」——這個名詞是我發明的，不是真有的——比如說有「自然棋路」，你掌握了這種棋路以後，你就可以自己推陳出新，去發明出以「自然棋路」為基礎的其他比如說是十種、二十種其他新的棋路。

就好像，你以馬克思主義理論為基礎，發明出其他許多種不同於馬克思主義但是本質上還是屬於社會主義的理論一樣，但是根源還是馬克思主義。棋譜和格局都是這樣的。人類可以掌握和應用的格局在數目上不是無限的。只要你掌握到了足夠多的格局，你自動地就會掌握推陳出新的能力。

實際上，你記得《紅樓夢》裡頭，林黛玉教香菱作詩就是這個樣子的，她教你一定要讀遍古今中外的詩作。你知道香菱是怎麼寫詩的，照著模樣去做，然後略加變通，寫出來就是這種詩。如果你閱讀量不夠廣、不掌握這些東西的話，那麼你只會背誦平仄，按照平仄去做，像填空題一樣的做，那沒意思，做出來肯定都是壞詩。

相反，如果你掌握了格局，達到融會貫通的境界，那即使不按平仄也是可以的。古今的偉大詩人在有感而發時，即使破格也是可以的。打破規則不按平仄，寫出來的仍然是好詩。關鍵在於你能不能夠掌握格局，這就是掌握格局的根本用處。

說白了就是古人說的那樣，讀萬卷書，行萬里路。通過書本掌握古代你不能接觸的各種東西，通過行萬里路掌握今天你能接觸的各種東西。文藝復興以後的英國紳士就是這樣的，一方面要讀希臘羅馬的古典著作以及當今法國和德國的名家著作，一方面要遊歷全世界。等你遊歷回來、書讀完了以後，你自然就胸有丘壑，你能夠做出正確的判斷。

要知道，學歷史不是讓你尋章摘句，而是讓你做出正確的判斷。如果學完後你居然會做出比別人更錯誤的判斷，那你是白學了，或是你學的那套方法就是錯的。真正唯一有效的方法就是我剛才描述的那種博雅教育。中國古代的士大夫是懂得這種方法的，英國紳士和古代羅馬元老也是懂得這種方法的。我想，其他任何方法都不如這種方法更有效。

Q107．您自學英文並翻譯過多部英文著作，對想要提高英語水準的人有什麼建議？有沒有獨到的學習方法？

你沒有必要提高英語水準或者其他任何語言水準，就像你沒有必要提高你接吻的水準一樣。如果你愛一個女人，而且經常跟她接吻和擁抱，那你是不需要去上接吻和擁抱課的，你會自然而然的，因為她的身體就是你最好的教師，你會在她的身體上面學會怎樣接吻和擁抱。如果你要去上接吻和擁抱課的話，那你反倒是傻瓜了。

如果你生活在英語世界或者說是出於其他什麼原因間接接觸英語世界，例如說你特別喜歡英語小說或者特別喜歡看英劇，那樣的話，你自然而然會學到很多英語方面的知識。你需要多少就會吸收多少，你用不著的那些東西，硬學也學不會。

Q108. 請推薦一些您認為能夠顯著提高人類理解力的書籍、電影、文學作品或者其他什麼都行。

莎士比亞的《朱利斯・凱撒》（The Tragedy of Julius Caesar）和《科利奧蘭納斯》（Coriolanus）。我想，讀任何關於政治和歷史的經典，都不如讀這兩部劇本來得有意思。

可以說是，符合共和主義、平民、貴族、精英主義和民粹主義的所有問題，到現在，和幾千年前仍然沒有什麼大的差別。而且哪怕是美國知名政治學家亨廷頓（Samuel P. Huntington）也好，沒有任何當代的傑出學者能夠寫得像莎士比亞一樣生動。這些內容都是中學生就能懂的。

我記得十九世紀，英國還是以私立公學為主的時代，中學生辯論的題目就是這兩部劇本。而我想當時的英國學生肯定能從這些劇本中間看到英國混合政體在古代的投影。這樣的理解其實比乾巴巴的讀學術著作要好得多。

Q109．能否讓阿姨畫一下自己的知識框架體系，在什麼地方放什麼書？

我不喜歡依據計畫讀書，這樣太無趣了。路徑要在蕪雜中自己顯露，才有野草一樣的力量。雜質是生命中最重要的東西，根據營養要素輸液的病人總是迅速死於惡液質。

必讀書當中，刪掉的恰好就是雜質。你必須自然而然地發現資訊和噪音的區別，學會從噪音中尋找資訊。進一步，理解資訊的不同重要級。資訊本身不會告訴你這些藝術，只有浪費和錯誤才會教你明白。不是你自己明白的東西，對你根本沒有用處，無非浪費記憶和時間。預先排除了冗餘和低俗，精要就會淪為毒藥。沒有空地，房屋就是監獄。

經典，就是高蕪雜度。據說傑弗遜總統討厭聖經裡面流血的以色列歷史，自己編了一部潔本，只留下他覺得有益道德的慈悲博愛理論。這種做法就是經典的反面。作家赫胥黎（Aldous Huxley）一面反對教會，一面反對廢除聖經教育，因為對於一輩子不出村子的鄉下人，聖經的蕪雜是他能夠理解世界之大、光陰之長的唯一途徑，否則他必然會變成狹隘之徒。

赫胥黎就是懂得什麼是經典的人。近代以來，胡適等人對經典的看法完全錯誤。因為他們都以為經典就是好和精，實際上沒有壞和亂的所謂經典是危險的。

我把世界看成一條大河，由希伯萊、希臘和日耳曼三條支流彙集而成。這三條支流已經融合得難以完全區別，但水面上仍然漂著許多異質的片段。後者已經沒有獨立的可能，但仍然可以跟河水清晰地區分開來。沿著河水，尋找地圖的空白點。這是有趣的事情，我不想給幾個碼頭畫交通圖。這樣的地圖肯定會扭曲整體形勢，提供的資訊又是任何人都能自己發現的。

荷馬和莎士比亞真正很重要嗎？也許西部小說和太空歌劇比他們的塑造作用更大也未可知。伍德豪斯和薩基爐火純青的藝術，只有極少數知趣的人才能欣賞。從語言中走漏的東西，比語言包括的東西更多更重要。

我總覺得給別人開書單，像在偵探小說目錄頁批注兇手的名字一樣不知趣。英國作家毛姆（William Somerset Maugham）曾經寫過一位殖民地紳士，喜歡依據固定順序閱讀英國送來的過期泰晤士報，絕不肯顛倒順序，預先知道舊新聞的發展結果。當他的無產階級助理打亂順序，把故事結局翻到前面時，他一怒之下做掉了這個不知趣的下等人。這個故事告訴我們，劇透是危險和錯誤的。紳士寧可犯罪，不能不知趣。

08

財富只是秩序的附屬品

財富是一個法律上的虛擬，它只是秩序覆蓋到的一個維度。鞏固的秩序，就像封建制度，同一塊土地通常都有多重的產權，正因為多重產權相互維持，所以這個網路特別堅固，產權特別牢不可破；晚期羅馬法的產權就是單維化的，絕對產權，也就是說，利益攸關方只有業主這一個，因此它的產權也就比較脆弱。

財富觀念其實只是一個統計上的虛擬而已，經濟學家根據各種相互矛盾的標準來說這個是財富、那個是財富。其實呢，如果你不考慮背後的秩序的實質，這樣的說法都是站不住腳的。

一個日本的名主並不是他本村的土地的所有者，他只是本村的村民在開荒活動中的一個組織者和管理者，理論上的土地屬於象徵性的天皇和公卿，具體的土地屬於地方上的封建領主，但是這樣的領主通過對共同體秩序的經營，他對土地享有的實際保障，比明朝或清朝的某一個理論上享有絕對產權的地主是要大得多的。

像亞歷山大、加爾各答或者上海這樣的地方，如果在字面上產生出一個極高數字的財富，那實際上是說明，它處在兩種秩序的交錯點上，以至於在其他的地方不被計為財富的東西，在這裡都要以數字的形式變成財富了。

就像是上海特別高的房價並不能使住在這些房子裡面的人生活品質特別高一樣，就像呂思勉以前曾經說過的那樣，其實這些地方的高級職員，日子還沒有鄉下農民過得富裕。鄉下的農民家裡面多多少少存著些東西；這些領著高薪的職員，自己租的還是高租金的房子，家裡面簡直就沒有什麼東西。那麼他們到底誰更有財富呢？這完全是一個觀念問題。統計上、搞經濟統計表的人製造出來的那些資料，實際上是非常失真的。

真正的財富，本意上的財富，只是秩序的一個附屬品，它指的就是你所在這個秩序能夠安全地覆蓋到的維度，這個才是真正的財富。從這個角度來看，理論上只是在多層次的財產結構中間享有一個層次的部分經營權的封建領主，或者哪怕是他手下的佃農，他們擁有的財產權，比近代的資本家實際上更加鞏固，更比理論上擁有很多財產，但是實際上純粹是宮廷奴隸，隨時可以一無所有的費拉要鞏固得多。

你要說誰擁有財富，這是一個沒有意義的事情。埃及豔后克麗奧佩脫拉擁有很多財富，可是這些財富難道不是隨便一個羅馬元老或者巡視員到元老院去打一個小報告以後，你就必須趕緊上吊自殺，或者服毒自殺，或者讓眼鏡蛇咬死自己，然後就可以一無所有了嗎？那些羅馬的百夫長或者是羅馬的巡視員，字面上的財產比他要少得多。川普在美國算一個富翁，但是他的錢能比貴匪這些白手套更多嗎？英國那些議員的錢，比加爾各答的王公顯然是要少得多。所以你用這種方法計算財富的話，是只會把你自己的頭腦搞得混亂的。

Q111. 福布斯富豪榜的可信度有多少？

這僅僅是一個遊戲而已。這一類雜誌恐怕就

阿姨教我的 25 堂人生課

Lesson 17 ▶ 正面看待電子遊戲的影響力

如果是莎士比亞生在六十年代的話，估計他不會去寫那些劇本了，而會到好萊塢去寫電影劇本；如果他生在今天的話，就很可能變成一個網路遊戲的編寫者。如果羅貫中生在今天的話，他大概也不會去寫《三國演義》，他會去編寫一部以武田信玄和上杉謙信為題材的電子遊戲。

像《男人裝》之類的雜誌一樣，是專門給那些羨慕富豪階級，但是自己不是富豪階級的讀者準備的。這個照薩克雷的說法，可以稱之為勢利眼那個階級，在世界上各個地方都是分布得非常廣泛的。

在大多數平民的眼中，他們就是真正的富豪，但是實際上他們只是假裝富豪，並沒有摸清富豪階級的門路，所以他們得出的判斷都不太準確，他們所要求的也是那種名義上的、遊戲上的東西。真正的富豪的財產是很難讓你評估出來的，能夠讓你評估出來的東西都是那種你看看就好、玩玩就好那種東西。

世界上任何時候，誰能夠真正評價財產的性質呢？它在不同的時代、不同的憲法結構和民族風俗當中有著非常不同的意義。真正的富豪一般有很強的操縱和規避能力，也就是說他能夠做到你很難判斷什麼是他的財產什麼不是他的財產。一個人的財產能夠準確的被鑒定，實際上這是中產階級的特徵，而不是富豪的特徵。富豪的特點就是，有一部分名義上、法律上、規則上不是他的財產，但是從政治和社會意義上來講是在他能夠支配之下的，在這種情況下，你怎麼樣鑒定他的財富都是很成問題的事情。

可以說從頂級富豪的角度來看，他真正的最有價值的資產不是寫在紙面上的財產，而是各種各樣的關係，憑這些關係，他能夠支配的範圍比起帳面上屬於他財產的東西要大得多。達到了這個境界，你才能算是頂級富豪。能夠被統計的那些富豪，大致上來講都還達不到這個階級。

Q112．為什麼美國銀行家、日本財閥很少上福布斯富豪榜？

富豪榜當然是不可靠的。如果一個人有能力成為富豪的話，他肯定也有足夠的能力看出來，把一切財富都編列成整整齊齊、讓富豪榜都能登出這些事情的話，並不是一個好主意。

富豪榜製造的方式其實也是很搞的，你很容易通過一些帳面上的把戲，用製造企業五百強諸如此類亂七八糟的手段，把原來本來沒有什麼關係的幾個企業集團形式上合併起來，帳面上湊在一起，**剎**那間一下子就變成一個超級巨無霸式的組織，從帳面上看來能夠名列世界前茅了。

但是實際上，結構上的調整可能十年、二十年都搞不下來，內部的那幾個企業集團仍然在各搞各的，比較富裕的、經營比較出色的企業集團根本不高興跟別人合併。

Q113. 如何獲知自己的階級地位？收入與家產可靠嗎？還是其他一些生活細節？

什麼是你的階級地位？就是你感覺到最輕鬆、最舒適的地方，一舉一動都可以僅僅運用本能而不需要運用大腦的地方。在這個地方，你就處在你的最適階級地位。

打個比方說，你什麼時候覺得騎自行車或者是游泳很費事？答案是你剛學的時候，那時候你需要不斷動大腦，轉彎的時候你要動一動大腦，想怎麼樣轉，搖動的時候你要動一動大腦，想怎麼樣搖。但是你騎得很熟練或者游得很熟練的時候，你就不用再運動大腦了。這時候，需要轉彎的時候，你的肌肉會根據肌肉習慣自動運行，你可以騎在車上心不在焉，可以躺在水上心不在焉。一切需要動作的時候，你的肌肉都會自動替你完成，習慣和本能都會自動替你完成。在這種情況下，你非常輕鬆舒適。

如果你處在你自己本來的或者是最合適的階級地位，你就處在這個熟練的騎車人的那種狀態上面。你不動大腦，一切都由你祖先的遺傳和你幼年的習慣替你解決了。相反，如果祖先的遺傳或幼年的習慣不能解決問題，你需要經常運用你自己的大腦，那就是說你已經離開了你原有的階級地位。

如果你運用大腦的方式與你的習慣、本能和遺傳有嚴重的衝突，那就非常糟糕了。這種情況不僅會引起社會方面的不適，而且會直接損害你的身體健康。有很多病表面上是醫學性質的，實際上是社會性質的。其根本原因就是因為，病人本身處在跟自己階級地位不吻合的地方，為了有意識地彌合這種分歧，消耗了太多的精神能量，使自己處在某種相當於是精神崩潰的狀態。像胃潰瘍之類的疾病，眾所周知老生常談，就跟這種狀態很有關係。諸如此類的階級病還有很多，我就不一一詳細列舉了。

自由派的傳統觀點在於，一切都是教育，如果不適合的話，你可以通過教育來適應社會，或者通過改造社會來使大多數人處於感覺最舒適的位置；而保守派的傳統觀點則是認為一切都是遺傳，有些東西是天生的、你改不了的；經驗主義則是近乎不可知論的，持調和態度，更強調處於兩者之間的習慣的地位。習慣呢，說遺傳吧，可能與遺傳有關，說教育吧，也可能與教育有關，但由於誰都不能真正搞清楚這裡面的奧妙，所以大家都可以保持模糊。但無論哪一種解釋正確，階級問題都是社會適應性的核心所在。

例如，知識分子在跟比自己階級地位高的人相處的時候，特別容易傾向於教條主義，為什麼呢？因為他感到不安全。他的經驗中處理不了的東西，他只能到書本上去找知識。這種做法在根據經驗辦事的貴族看來，不可避免地讓他們覺得這是一種教條主義。

同時，知識分子一旦進入了他自己覺得安全的範圍，也就是說他自己最瞭解、他比別人都瞭解的那些理論知識方面，他又立刻是血壓降低了，渾身都輕鬆了，一切都自由自在了。

但是別人在這種環境下，就像是一個剛剛學跳舞的男孩那樣笨手笨腳，這個引子也會弄錯，那個引子也會弄錯，表現得不如他靈活自在。所以知識分子的教條主義本質上也是一種階級鬥爭，是知識分子在階級地位上升的狀態下所暴露出來的一種反應。

相反，原先並非知識分子，但階級地位比知識分子高的貴族，根據習慣和經驗辦事的人，他就像是傳說中的宣統皇帝一樣，別人問他，這幾幅畫是真是假，他說是假的，問他什麼道理，他說我不知道什麼道理，我就覺得跟我家裡面掛的畫不像。這就是缺乏理論知識的貴族對待知識分子的方法。他們更強調習慣和經驗，而且覺得他們的習慣和經驗比起理論知識更可靠，彈性和靈活性更強。

如果太多的人都處在跟自己階級地位不和的狀態，不僅自己過得不舒服，而且社會也沒法穩定。我們要知道，自由主義者對公正的態度是有問題的，公正不公正，不是說看你掙錢掙多少，而是看你是不是處在跟自己階級地位吻合的位置上。用我喜歡說的話來說就是，你是不是存在德不配位的問題。如果德能配位，那麼你和你周圍的環境都會很穩定；如果德不配位，你和你周圍的環境都會不穩定。

因為人像電子一樣，本能地走向最適合自己的能級，也就是抵抗力最低的地方、自己感到最舒服的地方。氯化鈉或者食鹽之所以能夠形成，為什麼呢？就是因為氯和鈉這兩種元素，它們一個是多了一個電子，一個是少了一個電子，碰到一起就像男人和女人結婚一樣，多出的電子填進少出電子的軌道裡面去，雙方都非常舒適，都進入了比原先更穩定的狀態；相反，如果沒有這種狀態的話，雙方都進入比原先能級更高、更需要費力的狀態的話，那麼這個格局就不穩定了。

大家習慣上的正義不正義，其實本質上是一個階級概念。如果你的位置符合你真正的階級身分的話，那麼你就會進入我剛才描繪的那種氯化鈉狀態，然後大家都覺得很穩定，很不想拆散原來的狀態；如果是相反的話，那麼大家都很想拆散原來的狀態。這種狀態跟金錢多少的關係是不一定的，因為每個人的階級地位所需要的金錢都是不相等的。

同樣數目的金錢，對有些人來說是處在最適階級地位，對另一些人來說則是處在最不適階級地位。對大多數人來說的話，金錢只是階級地位的一小部分。大多數階級地位的可以說是抗原抗體的那種東西，是跟金錢無關的。

自由主義者強調的財產權神聖是維護階級的一種手段，但絕不是階級的全部。

他正確地看到了，隨隨便便地破壞財產權會導致不穩定。例如像是以前打土豪的時候就會出現這樣的情況，貧下中農即使分到了東西，也不珍惜，很快就糟蹋掉了。

因為一方面，它跟自己掙錢掙來的東西不一樣，他以前沒有這個東西，沒有用過，本來就不知道怎麼用，自然很容易就糟蹋了，另一方面呢，他對自己所占有的東西感到不安全，不知道什麼時候還鄉團就來了，也很害怕把財產給他的人也會把財產奪去，因此他自然而然地傾向於能花就花，能糟蹋就糟蹋。

而自己開荒種地得到的那些東西，因為他一方面是在開荒種地的過程中間等於是學到了很多東西，也就學會了怎樣最恰當、最經濟地使用這些財產，另一方面呢，他覺得他的東西是自己掙來的，不會被別人奪去，所以有長遠的觀念。這就是階級習慣的問題。同樣一份財產，在兩種不同的人當中會體現出完全不同的價值。

這樣發展下去的最後結果就是，集體農莊的領導必須是用嚴刑峻法來對待那些弄壞了拖拉機之類的農民。弄壞了拖拉機，無論你是有心還是無心的，他都會說你是階級敵人搞破壞，把你流放到西伯利亞去。相反，在原先的富農階級掌握土地的時候，這種情況不必要。富農階級，如果他能夠買得起拖拉機的話，他肯定會把這個拖拉機當作像是過去的牲畜那樣，極端地珍惜，生怕把自己的財產弄壞了。而且因為他是一個習慣幹活的人，因為自己是幹活好手才買的拖拉機的，所以他也會懂得怎樣利用拖拉機。

自由主義者看到了這種現象，就覺得財產權的神聖是非常重要的事情，不能隨便破壞。但是財產權其實只是階級地位的一部分，甚至是一小部分。大多數階級地位，與其說是依賴物質，不如說是依賴知識和習慣。不同階級配伍的情況下，這種習慣的差別會表現得非常清楚。

像十九世紀小說家就最喜歡描繪貴族階級和資產階級習慣的不同，以及隨之而造成的各種亂七八糟的衝突。像巴爾紮克就喜歡寫這樣的題材：資產階級布爾喬亞的美德是強調家庭，強調勤儉節約，他們的女孩如果嫁給了放蕩不羈的藝術家就會非常痛苦，但是藝術家並不是壞人，也並不是想虐待她，他只是按照他自己的階級習慣做事；或者說是，貴族和布爾喬亞聯姻，正向聯姻，男性貴族和女性布爾喬亞的聯姻，或者說是發財的布爾喬亞和女性貴族聯姻，都引起了無數的故事。這就是階級的故事。

少量的階級變遷可能是只影響當時的人和他周圍為數不太多的人，但是如果社會動盪得太厲害，大多數人都處在跟自己的德性或者習慣的階級地位不符的狀態下，這個社會就沒有辦法穩定了。所有人都本能地感到不舒服，本能地仇恨這個社會，這一點是他們所擁有的物質資源所不能解釋的。

即使這個社會當時處在財富增加的情況下，好像大多數人都變得更富了，但是由於大多數人都像是植物從花盆裡拔出來一樣，脫離了自己原先習慣的位置，他們在自己不習慣的位置上是不舒服的。即使將來能穩定的話，那也是幾代人之後的事情了。

任何人離開了自己原有的階級地位，對他自己和他周圍的人都是一個潛在的危險。例如，一個失去階級地位的貴族，他最有可能做的事情不是去做資產階級、憑勞動掙錢，而是去做強盜。因為他的天賦就是戰鬥，在他失去自己原來的位置不能戰鬥的時候，他能夠做的就是強盜了。

我的一個在清朝末年時期的祖先就是這樣變成棒匪的。之所以會變成棒匪，就是因為他原先就是士大夫階級，出於政治鬥爭、運氣不好或者其他方面的原因，在他這一代突然敗家了，然後他堅決地不能忍受普通市民階級那種幹活掙錢的生活，唯一能夠使他滿意的生活就是棒匪。做了棒匪以後，他仍然能使普通的小老百姓感到害怕，而且他原先如果做了平民階級就會失去用武之地的那些政治經驗，在江湖社會中還能夠得以發揮。

這也就是為什麼江湖人物在天下大亂的時候很容易當上皇帝、大臣和將軍，而真正老老實實、胼手胼足幹活的農民不大可能，他們頂多在天下太平的時候升級為地主、大地主，但是卻很難通過變成政治人物發家的原因。

Q114. 投資是反直覺的嗎？我發現大部分人罵的一個專案預期差，投入其中反而最後能得到高收益，這點是我個人的錯覺的賭博行為，還是有一定規律的，是不是大眾並沒有真正理解力只是在跟風？投資需要反向操作？

大眾當然沒有什麼理解力。在這樣的系統當中，大多數人的判斷總是錯誤的，但這並不表明你逆著大多數人的判斷去做就肯定會是正確的。這裡面適用的健全直覺，也就是叢林中獵人所需要的那種直覺。它不是全部錯誤的，也不是全部正確的，但是多多少少都是有些道理的。也就是說，你如果違背了這個直覺的話，你會陷入無所適從的狀態，而且成功率也不會更高，反而不如直接追隨自己的直覺來得好。

Q115. 假設一個人用他可以預見金融市場波動的超能力在美國合法賺錢合法納稅，請問他賺的錢到哪個量級才會被 Deep state 盯上？是十億，百億，還是千億？那些手眼通天的人是會把他除掉，還是會逼他給自己做事？如果您有這種能力會怎麼做？會選擇在 Deep state 察覺到之前就收手嗎？

如果僅僅是賺錢的話，哪一個量級都不會被盯上。能夠操縱國家的幕後集團，那必然是富有政治經驗的。所謂政治經驗，就是人脈和共同體的管理技術。比如說在儒家社會裡面就經常是宗族長老這一類角色，宗族長老往往是飽學老儒之類的角色，自己手裡面沒有什麼私有財產，但是因為他熟悉儒家習慣法的緣故，能夠通過支配族裡面的公產、祭田之類的，實際上比僅僅是有錢的人發揮更大的影響力或者操縱作用。

貴匪在土改的時候往往把這樣的長老打成地主，辦法是這樣的，就是把宗族全族的公共財產，為全族舉行祭祀、舉辦族內子弟的學校、救濟族內孤兒寡婦的那些錢，全算在他一個人身上，這樣就把他搞掉了。搞掉了以後，他們全族自然喪失了凝結核，就垮台了。

在美國，必然會有很多像葛培理（William Franklin Graham）這樣的人，自己並沒有什麼錢，但是他們因為跟基督教保守派的大佬、社區領袖之類的有很深的交往，所以真的號召起來的話，

阿姨教我的 25 堂人生課

Lesson 18 ▶ 改善社交恐懼，就是要靠經驗累積

這是一個階段性的問題，表示你的季候還沒有到，還處在那種青澀的階段。青澀的意思就是說，你大腦裡面的經驗庫還不夠多，像是一個剛剛下棋的棋手一樣，腦子裡面的布局不太多。但假以時日，經驗累積足夠便能好轉。

比僅僅有錢的人，影響力要大得多。

如果你是新移民的話，用很巧妙、很聰明的辦法，比如說通過股市或者數位貨幣之類的手段，可以賺到很多錢，但是實際上你基本上沒有什麼影響力。你那些錢只是紙面上的數字而已，除了可以供你自己消費以外，不能發揮任何作用。

你要能夠發揮作用，一般來說是第三代、第四代的事情，第二代都是很懸的。而且一般來說，除了單純的消費以外，你實際上是什麼事也做不了的。你所做的大部分事情都會被歸入單純的個人享樂和消費、買些遊艇和飛機、到處玩兒這種方式上面，你基本上很難進入深層的社會網路之中。所以，你對他們既沒有什麼幫助，也沒有什麼威脅。

Q116．風險投資需要短時間內有限的資訊下做出判斷，當一切水落石出，火車出站後就沒有大收益了，這種決斷靠直覺還是靠理性？

當然依靠直覺。理性只能管小事，管不了大事。凡是理性能夠看得清楚的，都是非常局部的小事。真正涉及格局和整體環境的大事，都是依靠演化性的直覺，就是獵人在叢林中突然感到腦後神經一緊、覺得有猛獸在往他的方向慢慢接近那種無以名狀的感覺。

大資本家在股市當中，軍事家在戰場上，政治家在做出決斷的時候，所有擔任領導職位的人主要都要依靠這種健全直覺。能夠在這種達爾文式的演化當中篩選、突圍而出的人，就一定具備這樣的強直覺。沒有這樣的強直覺，無論從知識分子的意義上多麼聰明，也會像那個俄國被「十月革命」推翻的克倫斯基一樣，一上台就敗。

Q117．在資訊高度不充分的投資市場上，如何制定投資策略？

你肯定知道這個古老的笑話：如果你在某一個遊戲當中玩了半個小時還沒有發現誰是傻瓜的話，那就可以斷定你自己就是傻瓜。

沒有什麼資訊不充分的市場。資訊有等級差異，或者說資訊有中心和邊緣之分。

所有的地方，資訊流都是不均勻的。如果你認為某些地方高度資訊不充分，那就說明你處於極其邊緣的地位上。資訊對有些人來說是充分的，但是你不是他們當中的一員。那麼你要去這種市場幹嘛？你到了這種市場去，就是去挨宰的。

Q118．對於找不到工作的人，您有什麼建議？

找工作有兩種辦法，第一是尋找社會最需要的東西，第二是尋找你自己最擅長的東西。如果你找不到工作，說明你在尋找什麼是社會最需要的東西方面，你缺少優秀企業家的才幹。所以如果你在這方面沒有辦法改善你自己的知識和能力的話，你就要從相反的方向去尋找。

你可以這樣說，儘管我不是很清楚社會到底需要什麼或者社會最需要什麼，但是我對我自己最需要什麼或者是最喜歡什麼應該是最清楚的。最好是兩者得兼，我自己最喜歡也最擅長的事情，恰好就是社會最需要的。但是由於我在社會這方面判斷不准的話，我就可以專心去做我自己最喜歡和最擅長的事情了。

一般來說，你最喜歡的事情必然是你最擅長的。例如你特別喜歡打電子遊戲的話，你必然是花了很多時間去打電子遊戲，因此會變得相當擅長。所以你只要是顧住了這一頭，總比兩頭都顧不到更好，你就專心去做你最喜歡的事情。

Q 119. 您怎麼看自由職業（Freelance）發展的趨勢？對打算從公司出來做自由職業者的人，您有什麼忠告？

那你必須是一個秩序生產者，也就是說，你單槍匹馬就能夠吸引到一大批人，像羅蘭這樣的騎士，自己跑出去打幾仗，就會有很多技不如人的騎士心甘情願地跟著他，這樣你才能夠玩的下

阿姨教我的 25 堂人生課

Lesson 19 ▶ 從升學的推薦信制度了解社會運作的法則

好的社會不是一個用統一標準、用統一分數來衡量的社會，而是由無數個小團體組成的社會，不同的小團體各有各的衡量和選拔標準。不同的小團體的人數都不要太多，使推薦的人能夠充分地瞭解他們的各種優點和缺點，尤其是要包括那些不可名狀、不可衡量的品質在內。

去。否則的話，你很快就會變成浪人的。變成浪人，對你來說和對你周圍的社會來說都是非常悲慘的。

Q120. 我想請問怎樣的人是「科學型」，怎樣叫「策士型」，具體表現是怎樣的？

科學型就是士大夫當中的風險厭惡者，必須有穩定的環境才能按部就班地發展。環境不穩定，就會變成輸家。策士型就是士大夫當中的風險偏好者，喜歡大輸大贏。這種人無法耐受按部就班的穩定環境，寧願出走江湖。環境不穩定，就是他們的機會。

Q121. 阿姨能不能普及一下經濟學知識？為何說人是理性經濟人？

經濟學大多都是負典，最好不要普及。好的經濟學其實只是會計學，是依附於正典的一種附屬品的東西。從財政學、會計學上升為一種經濟學，就包含著思想在內，然後由思想開始，就預設了各式各樣的原子化個人的概念，理性經濟人之類的概念，然後圍繞著這些概念再展開各式各樣的思辨，其實這個概念本身就已經隱含著極其危險的種子。

基督教文明，按說的話是不應該支持純粹理性人的觀點的，這種觀點本身就是一種危險的腐蝕。從這個危險的腐蝕之上再分左右，你還覺得左派如何如何，右派如何如何，自由派如何如何，其實它們共同的起點就已經具有解構作用了。理性人的概念就是對人的概念的解構。

人本主義的人的概念本來比起基督教的和希臘—希伯來的人的概念就已經是一個大大的退化了，理性人的概念又是對人本主義的人的概念的進一步解構。再加上，經濟學使用數學模型反過來去套社會的方式，相對於其他數學模型的使用者來說都是更危險和更不靠譜的。

我覺得沒有純粹的經濟學這個東西，經濟學在我看來只是歷史演化模型的一個側面。我不大喜歡那種撞球一樣的理性人的假設，因為理性人是一個沒有歷史、沒有記憶的概念，而真正的人實際上都是有歷史記憶的，受到歷史博弈和歷史路徑的約束，所以這樣的模式應該是靠不住的。

我希望有朝一日有人能夠提出一種更類似於演化論的模式，所有的行為主體都能夠攜帶歷史記憶。在這一點做到以前，我對現在的所有經濟學模型都是持高度懷疑的。

Q122．為什麼家庭農場是美國的基石？

動產和不動產的憲法意義相差非常之大。農場是重資產，是社會性很強的資產。擁有農場，就不能夠像是擁有金錢和其他資產那樣隨隨便便一走了之。他不僅要做長期投資，而且要做跨代的長期投資，不僅要顧及鄰里關係，而且要顧及各種層次的社區關係。一個擁有地產的人自然而然的會成為當地的凝結核，他必須把經營社會關係看作自己的主要任務。

政治德性不是從天上掉下來的，純粹的理論家無論多麼聰明，都很難具有政治德性，政治德性必須在社區經營中間一點一點培養。而社區經營當中，你的責任感的強弱關係非常大。能夠成為凝結核的人，必須有巨大的利益關係。所以地主比起資本家來說，是更好和更可靠的凝結核，他必須為幾代人的子孫考慮，而資本家往往只為一代人考慮。

Q123．您對美國科技股怎麼看？蘋果、谷歌、微軟、亞馬遜、Facebook 這五大巨頭的市值就占到美股市值的百分之十，資訊技術行業是否存在嚴重的泡沫？

科技股跟泡沫股差不多是一個意思。科技股一般都是新興的東西，新興的東西是不好估價的，估價這個東西是依靠經驗、博弈和磨合的。基本上所有的企業，即使現在看來是很老牌的、利潤率也很微薄的那種企業，在它剛剛開始變成新興企業的時候，也曾經是高科技股和泡沫股。哪怕是像紡織企業這樣的東西，也曾經是享有過像現在互聯網企業這種地位；鋼鐵企業也曾經是當時的新興企業，但是現在都變得很穩固了。

德克薩斯在南北戰爭以後剛剛開始開採石油的時候，石油業的泡沫也跟現在加州的泡沫一樣大。這個差不多是不可避免的，而且也是有一定價值的。若非如此，風險性大的新興企業不足以籌集到大量的資金。

二〇〇一年的泡沫破裂，就跟高科技股的破裂關係非常密切。但是即使現在的高科技經過反反覆覆的泡沫破裂以後，經過了淘汰以後，淘汰掉脆弱的和不經用的，留下少數經用的路徑，然後它們就會變成 IBM 那樣的傳統企業，逐步失去它的泡沫性，但是新興的高科技還是會產生，泡沫還是會轉到其他地方去。

我們說資本主義是創新最多的地方，這不僅僅是科學家的關係，不僅僅技術人員和開發人員的關係，跟資本的泡沫市場也是很有關係的。可以說，沒有泡沫資本，那麼不斷轉移的科技最高峰可能就不會出現了。

Q124．您對 MMT 現代貨幣學理論怎麼看？該理論的主要觀點認為只要政府舉債用的是自己的貨幣，只要通脹率沒有失控，就不用擔心赤字問題，

因為政府可以通過印錢來還債。如果美國社會主義左派當政，實踐這一理論會產生什麼後果？

當然是胡說八道，現代貨幣理論全都是胡說八道。嚴格來說，它們不是理論，而是技術。著名經濟學家哈耶克（Friedrich August von Hayek）以前說過一句話就是，經濟學已經非常完備了。直截了當地說，理論這個層面已經沒什麼突破了，以後既然大家還要搞下去，就在技術手段方面各種挖空心思。

這些東西其實不是現在才有的，至少在佛羅倫斯文藝復興時期也有類似的技術出現了，指不定在巴比倫或者其他什麼時代也有過，只是更粗糙、規模更小一些。當然，它們全都是有害的。玩弄技術，無視理論本身，以為技術可以突破理論本身的限制，實際上最終的歸屬都是依靠武斷權力製造毫無信用的劣幣。

這些無信用貨幣的膨脹，正是現代經濟危機無法根治的原因。按照十九世紀以前的憲法理論，這種做法就是赤裸裸的違憲了。但是在現代你只要說這是經濟理論，就會給觀眾造成一種印象，覺得這跟憲法沒有任何關係，這只是一種技術手段。

其實技術手段本身也是有憲法意義的。技術手段，你至少可以看它是武斷的手段還是不是武斷的手段。像這些手段，就是純粹武斷的手段。

Q125．國際上在經濟利益方面的互相捆綁遠遠超過歷史上的任何一個時代，如果中國受損，國際也不會好過，您有沒有考慮到這方面的因素？

經濟利益從來就是最薄弱的聯繫。一九一四年的歐洲全球化的程度、相互聯繫的程度比現在要大得多，但他們還是會爆發戰爭。這是由人類固有的弱點構成的。

直截了當地說，經濟利益所造成的聯繫不足以在一般人的頭腦之中，在因果之間建立強有力的聯繫。因為人，歸根結底還是一種很原始的動物。砍你一刀你會出血，這是一種非常直接而強有力的聯繫，這兩件事情之間，因果關係是很明確的，任何人都不會誤會的。

但是建立在貿易之上的因果關係，是很脆弱而很遙遠的，它不足以在一般人的心目中引起強有力的感性認識，因此它激不起足夠強大的衝擊力。歷史上自由貿易的成功，都是因為其他有利於自由貿易的因素偶發形成的，自由貿易只是它們的一個副產品。僅僅為自由貿易而維護自由貿易，從來都是失敗的，沒有一次例外。

所以這方面的指望基本上是一點也沒有用。如果貿易能夠決定國家政策的話，那麼澳大利亞就應該是中國的附庸國，但實際情況顯然就完全不是這個樣子的。如果貿易能夠決定政策的話，那麼芬蘭人應該是最熱愛蘇聯，而不是熱愛歐洲的，但是實際情況也不是這樣的。

Q126．現在世界各國普遍採取量化寬鬆的方法，用超發貨幣來刺激和提振經濟。您對此怎麼看？最終會導致什麼後果？

當然這樣子會導致世界秩序的解體。量化寬鬆的意思就是以鄰為壑，通過自己本幣貶值，減輕自己的負擔，然後把負擔攤到別人頭上，當然別人也不是傻瓜，也會採取類似的以鄰為壑的手段。

這種手段非常像是三十年代那種以鄰為壑的手段。結果是你放水，我本來不打算放水，也非放水不可，要不然誰堅持原則，誰就最吃虧。堅持到最晚才放水的人付出最大的損失，最開始就耍賴的人占到最大的便宜。當然這就是一個比爛比賽了。

各人都向別人放水的結果就是像囚徒悖論一樣，本來打算我好別人壞的，因為所有人都跟我一樣精明和壞，結果是所有人都得到集體最壞的結果，個人和集體都要受到最大的損失，實現一種完美的和經典的囚徒悖論。本來日本是最堅持原則，貨幣信用最好，也不怎麼採取放水政策，結果就是這樣。

Q127．為什麼美國要廢除金本位？您對此是什麼立場？

金本位的廢除，從根本上講，是大眾民主對資本主義的勝利，也就是說，大眾對短期利益的追求超過了資本主義對長期利益的追求。從長遠看，這是文明走向衰退的一個重要指標。美國在這方面比歐洲人要晚得多，但是它最後還是採取了這一步，因為不這樣做的話，本國的就業和貿易要受到短期的影響。

首先廢除金本位的國家可以優先採取貨幣貶值的政策，通過貨幣貶值，在外貿方面占到一些不正當的優惠，有利於政府推行短期政策，特別是製造大選前的經濟繁榮，改善就業率。而堅持金本位的國家，它因為放水不方便，在匯率方面就會受到很大的壓力，就像是日本現在的情況一樣，由於日元本身比較堅挺，實際上在別的國家都在放水的情況下，就等於日本出口商品漲價了，這對日本擴張出口業是極其不利的。

09

人類痛苦的絕大部分原因是缺乏體力活動

主要就是由於身心分裂。身心本來應該是一體，但是思慮多了以後就漸漸跟身體分開了，同時，各種各樣的思想跟相應的肢體反射脫離了接觸，一個人不像是一個人了，變成一個抽象的身體上面的船長了，而且這個船長還有很多競爭者。這樣做，一方面是各種思慮相持不下，另一方面是任何一種小的子系統執行起來效率都大大降低。

哈姆雷特式的人，從思維的級別上來看，比起蠻族要高等一些，但是行動能力卻差很多。理想的辦法是「正反合」式的再升級。也就是說，原始蠻族的本能衝動和思想是完全渾然一體的，沒有分化出一個獨立的思想來；哈姆雷特這種人是，思想獨立分化出來了，但是思想和行為脫了節；更高一級的綜合應該是，思想和行為重新融合起來。

但是這一點是很難達到的，很可能在中間這個階段你就卡著上不去了。合理的做法就是重新修改你的身體習慣，讓你的身體習慣來重新塑造你。你的身體習慣能夠支持的那些思維回路，就讓它慢慢發育起來，像小路走成大路那樣；支持不了的那些思維回路，就讓它慢慢萎縮，漸漸消失。

Q129．關於身體習慣，既然是習慣，那就是用之不覺，自己都沒意識到的東西。這玩意怎麼修改？我有種碰到了物自體的感覺。

是越來越難改，年齡越大就越難改，最後就完全僵硬了，等到僵硬到無法修改的時候，你也就該死了。但是意志堅強的人跟意志軟弱的人相比，還是有些可以改的。

像蔣介石在日本那樣，他受到日本軍校學生

阿姨教我的 25 堂人生課

Lesson 20 ▶留學的「科目選擇」不是最重要的

對於華人社會的中產階級來說的話，合適的做法就是，你順著留學這條路把孩子送出去，不要把留學的科目本身看得太重要，然後讓他自己去尋找最適合的道路。等他畢業的時候可能就不是他原來選的那個專業了，但是卻掌握了一條通向西方的管道。

的感染，然後就養成了每天早晨很早就起來鍛煉的習慣，然後又看到國內的人那種慵懶散漫的生活方式，就覺得自己很了不起。可以說，如果他對自己一生經歷的記載屬實的話，那就是說，他重新培養身體習慣的能力比起他鄙視的那些人要稍微強一點。

Q130．對於膽小怕事、性格軟弱、意志薄弱的人，您有什麼建議？

這是一個身體習慣的問題。有很多事情都是由於不熟悉或者說是身體習慣不支持造成的。前一種情況你可以嘗試一下，用醫學上相當於是脫敏治療的方法去嘗試。但這樣做好像沒有什麼必要，如果不喜歡做某件事情，為什麼非要像是訓練你擺脫某一種花粉性鼻炎一樣，非要去改變它不可呢？如果你不去治療花粉性鼻炎的話，每到花粉季節出來的時候你就會打噴嚏，很不舒服，所以你有必要去脫敏治療。

如果不喜歡某一件事情的話，你不去做就行了，好像沒有什麼必要一定去做脫敏治療。另一種因素呢，就主要是身體習慣或者說是體力、血氣能不能夠支持的問題，這個跟你的身體素質和鍛煉習慣是有非常密切的關係的。儘管一般常坐書齋的人不大願意承認，其實他們只要每天花上一兩個小時去挖坑種樹，過上一兩年以後就會有所改善。

Q131．為什麼一個人在封閉孤立的狀態中待久了會變得狹隘、恐懼、易怒呢？

因為人性是一個流動性的過程，它需要不斷地跟其他人接觸，從外界輸入資訊，然後根據這個資訊調整自己的資訊，用無數細微的修正來保持雙方之間的連接和搖擺。等於是無數條路徑既分離又連接，大家都處在相互觀望之中，每一個人都受到自己鄰居的所作所為的影響。

如果這個聯繫中斷了，那麼自己的路徑越來越偏、外界輸入的資訊越來越少的話，原有的人性大部分也就不存在了。

原有的習慣絕大部分都是要經過社會接觸的支持才能夠維持的。所以魯賓遜在一個人的時候都要天天在岩石上畫道道，以免讓自己完全忘記了日期。表面上看忘記日期好像沒有什麼，但這個就是文明習慣的一小部分。損失一小部分，對於在社會中的人來說關係不大，但是對於荒野上的人來說，損失了這一部分可能就是無法彌補的。一部分一部分損失下去，整個的人性可能就所剩無幾了。

Q132．處事容易慌張是怎麼回事？惶恐急著做事考慮不周全應該怎麼辦？

只有很少數的人才對沒有做過的事情都表現得很有把握的樣子，這個大概是需要某些天賦的特徵，可能神經介質的水準都會有相應的差異。大多數人是對自己做過的事情不慌張，對自己沒做過的事情慌張。如果有些人對自己做過的事情也會慌張的話，那可能是跟某些身心疾病有關係了。

鎮定的能力曾經是武士道修行的重要組成部分。武士之所以要學習禪宗或者神道，很大一部分理由就是為了鎮定自己的心神，能夠把生命本身和物質世界一樣看成虛無，能夠在刀兵之中保持超然的鎮定。

當然這種訓練就不是像現代這樣的說法會給你引起的那種想像，好像是讀幾本書、學習幾個口訣的事情，實際上它跟相應的肌肉訓練是有一定的關係的，不是說閉門讀書的人能夠修行得好的。

Q133. 過去我始終認為，技術越進步，對個人的素質要求越低，例如英國極其強悍的長弓兵才能彎強弓射箭，可是現代一個虛弱的老太太拿手槍就能射殺野獸。請問阿姨，為什麼武器如此發達，個人的身體素質還是這麼重要？

身體素質跟思想的關係是非常密切的，一個人的胃功能和腎功能是會直接影響到他作文的方式的。一般的作家都喜歡把自己想像成為一個只有大腦的人，給讀者留下一種印象，好像他是絕對理性客觀的，得出的東西都是從純粹抽象公正的角度得出的，但實際上完全不是這個樣子。

卡夫卡有沒有在布拉格和維也納嫖妓，與他的挫敗感和他的文學成就是有極為密切的關係的。像尼采，他一輩子的心理和生理疾病，對他的哲學和文學也是有極大影響的。法國知識分子，就是所謂的「法左」，之所以有那些特點，跟他們在日常生活中間不懂得怎樣打開一把雨傘的狀態也是很有關係的。

Q134. 該如何對付沒有底線的人？

報復就是最好的辦法。報復有兩種，一種是簡單而可靠的，適用於所有人，就是直接根據自己的衝動行事，搧他一耳光。這樣的好處有兩方面：第一，無論結果如何，成敗如何，你都達到了有效隔離的後果，以後你再也不會跟這種人接觸了，他的一切伎倆在你身上都用不了了；第二，你有效的宣洩了情緒。

另一種辦法是更複雜一些，因為有些使壞的方式僅僅是從後果上進行報復，似乎不夠痛快，你應該使他明白，他那些小伎倆並沒有瞞過你的眼睛，你可以採取同類的報復方法。同類，不僅是在結果上同類，而且在報復的途徑和手段上也同類，讓他吃了啞巴虧以後發現，其實他那些自以為聰明的辦法根本就不是聰明，別人只是不屑於降低到他的水準而已。

Q135．我朋友在夜店與他人發生爭執，被人用啤酒瓶打破了頭，現在他很生氣想要報仇。請問我該如何勸說？

有什麼勸說的必要？夜店這種地方不是最適合打架的嗎？你應該勸說的是，既然要打架，就要打出一點規範來，就要打出一點古代武士費厄潑賴（Fairplay）的精神來，不要像小潑皮一樣打架。

真正的紳士不是不打架的人，而是在打架的時候也能顯示出高風亮節。像子路結纓而死，就說明他是一位紳士。他如果是根本不打架，一見到打架就要跑，像電影《俠女十三妹》的安公子那樣，他就算不上是個紳士了。你應該盡可能地

阿姨教我的 25 堂人生課

Lesson 21 ▶大學的意義不在課堂上，而是提供社交網

這個社交網就是一個通向統治階級的門票。目光敏銳一點，通過實際的社交和接觸，發現真正有德行、具有凝結核作用的人，這樣的關係網對你將來才有實質性的作用。畢竟真正的知識是不可言傳的，你只有在經驗當中、在知人論世的培養過程當中才能夠逐步的獲得它。

把他向高檔的方向引，而不是一味地勸他避免戰鬥。

Q136．您曾說，身體素質跟思想關係非常密切，一個人胃功能與腎功能直接影響到他作文的方式。您能分門別類、舉例地再詳細說明一下嗎？卡夫卡、尼采、法左是反例，有正面例子嗎？

詹森博士的肺活量就可以算是一個正面的例子了。他是屬於那種身體特別好、什麼病都不嚴重的類型。儘管小時候的生活條件不好，長大了以後又經常處在很勞累的情況下，但是真沒有什麼病能夠擊得倒他。他是那種說起話來可以幾個小時不停、一點都不覺得累的角色。如果身體狀態不好的話，大概維持不了他那種生活方式，他留下來的著作的形式大概也會非常不同。

福樓拜和莫泊桑都是梅毒病人。福樓拜那種對藝術精益求精、為了小事花上幾個小時、把自己的房間變得跟燈塔一樣的作風，跟他利用創作來逃避痛苦是很有關係的。而莫泊桑出了名的冷酷，跟他自己長期受疾病的折磨、對世界喪失了信心也是很有關係的。

Q137. 我有一些疑惑，關於人的心理能量和情感，越強烈的情感是否越能孕育強的心理能量？如果是，那麼愛與恨，何者能孕育更強的心理能量？我懷著陰暗的心理認為恨更強烈。所以對於我，您考不考慮在批判之後用基督教的愛與和平拯救一下。

沒有那種呈對比狀的愛和恨，實際上只有一種原始力量。原始的能量在它肆無忌憚地表現出來的時候就經常體現為恨，在它有規範地表現出來的時候就體現為愛，但是它們背後起作用的是同一種能量。這種能量實際上跟佛洛伊德說的原始能量或者本我是非常相似的。

愛和恨唯一的區別就在於，這種力量流溢的邊界是不是有規範的。最可怕的並不是恨，而是你根本沒有愛的能力。徹頭徹尾的蒼白和軟弱就是根本沒有力量。這種東西經常會被無知的人或者說是軟弱的人粉飾成為沒有恨或者愛和寬恕，但是愛和恨都是強有力的東西，它們的最基本特點就是力量。沒有力量並不是有愛，沒有恨並不是有愛。愛和恨其實只是力量用到了不同的方向或者是不同的方式上。

Q138. 您對於那些對民族發明沒有興趣，單純為個人嚮往自由世界而脫支，但到了國外又因為生活不便，受當地人歧視（尤其是當地人對科舉士大夫人格的蔑視），以及自己熱衷的中國話題找不到感興趣的人而十分痛苦的中國青年，有什麼樣的忠告？

可以去挖溝或者種樹。這種現象明顯是因為體力活動太少的緣故，而且去健身房我估計解決不了他們的問題，因為健身房的環境太單調了，跟人類本能適合的野外環境不相適合。

太多的亂七八糟的思想，又找不到實行的機會，同時思想層次又太淺，形不成那種令人興奮的理論構架，那麼感覺就像是一個賭徒不停的在賭場裡面轉來轉去，看到閃閃發光的紅燈綠燈，但是自己總是不停的輸，這個感覺確實是相當痛苦的。

人類痛苦的絕大部分原因就是因為缺乏體力活動。只有極少數人能夠通過思想建構找到一定樂趣，但是就是這極少數人，如果能像斯賓諾莎那樣磨磨鏡片的話，對他們也是很有好處的。所以我建議，無論是誰在任何情況下感到痛苦或者是煩惱的話，最好就是買一片地，在上面挖坑種樹，再挖坑再種樹。

Q139．一個沒有多少經驗的人如何進行深入的思考？

有些思考是不用經驗的，數學和音樂方面的思考一般都是這樣的，形式邏輯方面也是這樣的。

這要看你的大腦天生是屬於哪種類型的。有些人是數學音樂型的人，有些人不是。屬於這個類型的人，即使是一個人做宅男，也不妨礙他的思維深度比大多數經驗豐富的人要多得多。當然，如果你不是這個類型的人的話，那你怎麼訓練也沒有用的。

Q140. 如何不受他人干擾做出獨立決策？

別人怎麼才能干擾你？嚴格來說，硬干擾只有一種辦法，就是使用武力。沒有能力或沒有決心使用武力的人，其實是沒有辦法干擾別人的。如果你覺得被干擾了，那很明顯是你自己心裡就不穩定，你對你自己的決斷並無信心，所以別人說幾句話或者製造出一點雜訊來，你就覺得自己被干擾了。在這種情況下你自己做出的決策本來就是很有問題的。

Q141. 如何預測事物的發展方向？

小貓和小狗會發出什麼樣的叫聲，你不瞭解嗎？如果你瞭解貓和狗的話，你自然就知道牠們會怎麼跑怎麼叫。是什麼事物，就會有什麼樣的發展，這是子系統的內在可能性決定的。如果你瞭解某個子系統，那它所有的發展方向你就都瞭解了；如果你不瞭解，那你怎麼預測都是徒勞的。

子系統和子系統相互衝突的時候，發展方向是不一定的。這個現象就像三體問題一樣，複雜度超過一定程度的多系統衝突，它的發展方向是有多種可能性的。你只有等它實際上已經啟動，把其他可能的發展方向都已經被擠到虛無中、像薛定諤的貓一樣被擠掉以後，才能夠確定。也就是說，你只能在火車已經出站以後才能確定它的方向。

Q142．為什麼上帝不允許人類擁有辨別善惡的能力呢？

因為理性是一種解構的力量，人犯下的原罪可能就是解構之罪，因為有些東西是不能解構和不能分析的，像莊子所謂的混沌一樣，「日鑿一竅，七日而混沌死」，一有理性，一旦解構以後，原始的和諧和整體的認識就垮臺了，變成支離破碎的細節上的東西了。這個不是世俗意義上的罪，但就是因為這一點，人就自我放逐了，就是因為有瞭解構的能力，就把自己給放逐了，放逐的結果就是離開了伊甸園。

Q143．反思自己所處的環境需要怎樣的素質？要做到預測環境走向，又需要怎樣的抽象能力？

認知環境並不需要任何素質，因為這是演化的本能。文明人類和原始人類唯一的區別就是在於，他能夠製造出一套話術來，把你對環境認知的一小部分表達出來。實際上，完整的或者高度的環境認知能力說不定是位於新幾內亞的叢林當中，只是這些部落民沒有辦法把他們的感受全都描繪出來。

文明人雖然創造了各種各樣的話語體系來描繪這些感受，但是有很多文明人體驗環境的能力反而不如叢林中的原始人。而且，話語體系本身也是有雙重性的。話語體系的本質是為了表達你對環境的認知，但是有些話語體系很可能發揮相反的作用，使你沉迷於這些話語體系，反而隔斷了對環境的認知。

或者說是，把本來得到的認知，也就是你直覺覺得不對勁的東西，通過你的話語體系而誤解了，遮罩入意識的深處，使你自己失去了迅速反應的能力。這就是文明的雙重性了。

Q144. 如何抓住轉瞬即逝的機會？

那你就要有承受失敗的能力。一般來說，承受失敗的能力來自於你對一般性原則的信仰，也就是說你認為你做的事情本身就是對的，無論成敗都是對的，只有這種人才能夠有足夠堅強和鎮定的神經去抓住機會。如果你堅持要在結果當中得到好處才能行動的話，那你就多半不會有足夠的心理素質去抓住機會了。

Q145. 如何獲得更多的經驗？

經驗是依靠模組來運行的，也就是說你存在某些先天的模組，有些可能是生命固有的，有些可能是你的子宮環境給你設定的，有些可能是你的童年經驗給你設定的，這些模組多半都是隨著時間推移，漸漸穩定性增強，就不可能輕易修改了。你成年以後獲得的經驗能不能納進你原有的那些模組裡面去，就取決於你學習能力的強弱。

如果說某些人特別聰明或者敏銳，那就多半是因為先天模組的緣故。如果先天模組不好或者是跟環境不配伍的話，這樣造成的參差通常是彌補不了的。一般來說，後天經驗能夠迅速吸納的，就是它實際上是已經屬於比較吻合原先某一個或者是某幾種模組的類型了，這樣你才能夠吸收得非常迅速。經驗納入模組以後，就像是將更多的能量、更多的細節注入以後，大的模組就會產生出小的模組，像樹枝不斷分支一樣，產生出越來越多的細節的分支。

你手裡面擁有的這些細節的分支越多，就像是一個棋手大腦裡面存的棋路越多一樣。最後你存的棋路如果多到比你可能預見的所有情況都要多的話，那麼你差不多就像是傳說中的諸葛亮一樣天下無敵了。但是一般來說你是達不到這個境界，只能說，細節上的模組越多的話，你處理問題就越是得心應手。

Q146．一個擅長事後找出失敗原因、但卻不擅長在事前做出正確行動的人，應該採取怎樣的策略？

那就說明你找出來的原因都是錯誤的，或者說只是枝節性的。其實枝節性的原因必然也是錯誤的，因為它不關係到整個格局。這樣的教訓，那就像是乾隆皇帝或者其他什麼皇帝讀了《資治通鑑》或者其他什麼史書所得出的教訓那樣：看到前代的藩王作亂，然後他就要削藩；看到前代的權臣作亂，他就要多設藩王；看到前代的宦官作亂，他就要不准宦官讀書。諸如此類。

像這一類的小聰明都是像你這樣吸取歷史教訓的結果，而它們全都是沒有用處的，因為根本的原因在皇權本身。你削藩的話，權臣就會來；壓制權臣的話，藩王就會造反。扶起東邊，西邊就要倒，因為你的整個體系就是不平衡的。總結歷史教訓是不能這樣總結的。你按照這種方式去總結的話，當然結果就只能是這樣了。

Q147. 用模型去理解歷史，忽略了歷史的複雜性，會不會影響模型的解釋力？

你要歸類，就必須忽略小的差異而重視大的差異。如果你要具體到把每一個細節都畫分清楚，那就像是波赫士說的那樣，我要畫一張地圖，這張地圖的面積跟王國的面積一樣大，這樣我才能夠不遺漏王國境內的每一處地形。但是這樣的地圖對任何人都沒有用的。

你知道，智慧的主要功能就是刪減。比如說我要畫一個交通圖，那我就要把交通要道以外的東西刪掉，然後我才能在小小一張紙上把整個王國都畫進去。如果都畫進去了，不僅不可能，而且即使可能，這樣的地圖對你也沒有用處，你根本沒有辦法在這張地圖上找到道路的。解釋力是依靠化繁為簡的能力，不是依靠信息量的大小。化繁為簡就是要把重要的東西和不重要的東西區別開，然後把不重要的東西刪去。

Q148. 我突然發覺預測未來是很容易的，只要掌握了基本的格局和事物的本質，就可以準確的預測未來。請問阿姨，我的想法對嗎？

世界是由很多子系統構成的，一個子系統是一個完整的實體，也就是說，有了開頭，像一個嬰兒一樣，只要腦袋出來了，就不愁他的腳不出來，前半截已經出來的時候，後半截自然而然會伸展出來，這個過程是改不了的。除非它前半截就沒有出來，出來以後，它就不會有什麼其他的意外。

但是子系統和子系統之間是彼此競爭的關係，眾多的子系統相互競爭極少的機會空間，大多數子系統像是流動的精子一樣永遠都到達不了卵子。所謂「人性是一個叛亂船」，有很多企圖當上船長的海盜頭子在甲板上爭鬥，最終只有極少數的海盜頭子能夠衝上甲板，在一、兩個小時之內扮演船長，僅此而已。

所以子系統越過子系統之間的區間以後，下一個子系統是什麼，哪一個叛亂頭子會浮出水面成為下一個船長，是無法預測的。能夠預測的只是子系統內部的區間，子系統內部的區間就像是兩個火車站之間的火車一樣，要嘛它就順著鐵軌開，要嘛它就出軌翻倒、全軍覆沒，這是很容易預測的。

但是到了車站以後它再往哪個方向開，或者是哪一個子系統會浮出水面，是沒有辦法預測的。你只有等到真的已經有一個子系統浮出水面，像嬰兒的頭冒出來以後，然後你才能夠說它會是怎樣。但是頭已經出來以後，剩下的部分就不用再討論了，你只會去討論下一個嬰兒或者是下一個車站以後的事情了。

10

快樂的背後隱藏著極大的風險

Q149．如何改掉愛裝逼、驕傲自負、經常指點人的毛病？

為什麼要改呢？難道女人應該改掉喜歡照鏡子的習慣嗎？如果世界上沒有裝逼的人的話，就像是香檳酒沒有泡沫一樣，最好的味道和最大的刺激都會消失得無影無蹤。別的行業會怎麼樣倒不好說，但反正是跟知識分子有關的行業恐怕會嚴重的太監化。

驅動與知識分子有關的所有行業的最基本的欲望就是裝逼欲。早在孔子那個時代，孔子就教導他的門徒說，不要去隨便評點別人，我可沒有那麼多閒置時間，但是如果他的目標真的實現了，那麼孔門子弟肯定是早就斷絕了。

Q150．我本人既是英粉又是法粉，我的性格既剛健質樸又矯揉造作，我既喜歡責任又喜歡享樂，既喜歡克倫威爾又喜歡拿破崙，既喜歡休謨又喜歡盧梭，請問這是怎麼回事？

喜歡不喜歡，根本不能說明任何問題。人喜歡的東西往往不像他自己，而像他自己所缺少的東西。但是一個人是剛健質樸還是矯揉造作，是知識分子還是紅脖，這是斷然沒有商量的。如果是自己都看不清楚自己、根據一些浮面上的愛好來判斷的話，那說明認知能力非常薄弱。

一個人自己在遇事、做事、做人的具體選擇和具體做法上必然是有風格在的。如果自己都認不出自己的風格是哪一類的話，那其他的事情就不用說了。這跟愛好完全是兩碼事，愛好的投入成本是非常低的，而選擇模式是非常頑固的，是經常會改頭換面地重現、反反覆覆重演的。

Q151．現在似乎每個人至少有一個智慧手機，覺得自己除了忙的時間以外，剩的時間都被它占了，注意力也無法集中，像著了魔一樣，我已經離不開它了。您能幫我分析一下我的這種心理嗎？

容易上癮的人對任何事情都容易上癮，不容易上癮的人對任何事情都不容易上癮，這只是一個閾值高低的問題。

沒有智慧手機以前，玩各種小玩意兒的人也多得是，只不過現在這種注意力就會被吸引到智慧手機上面。同樣，可能有某些化學物質，像海洛因這樣，它對於任何人來說都是抵抗不了的，但是一般來說，一般性的刺激，那就是一個甄別的問題，甄別你自己的神經穩定性的高低，僅此而已。

會有很多人對很小的誘惑就很難集中精神，另外也會有一些人對於很大的誘惑都很有控制的能力，這兩種人也就是神經穩定性的閾值有差異而已，總會有這樣或者那樣的因素把這兩種人甄別出來。或者準確地說不是兩種人，而是一個有很多層級的梯次。

Q152．人性都是貪婪墮落的，那這種缺點為何沒有在演化中被淘汰？人類的膽小怕事、貪財好色在演化中有是不是具有一定優勢，讓多數人不願意冒險，而有利於人類的繁衍？

貪財不是人類的本能，人類的本能是戰鬥和好色。戰鬥或逃跑的反射，以及本能的好色，是深刻地刻在人的基因上的。貪財這個東西則是後天的，包括童年時期家庭環境和社會環境的耳濡目染造成的。所以，不同的族群，貪財的程度是相差非常大的。

生活環境比較接近於原始自然的蠻族部落，一般並不怎麼貪財。膽小怕事是文明存在的一個證據。換句話說，在比較蠻族的社會當中，膽小怕事的人是生存不下來的。比較原始的部落，連奴隸都容不下。膽小的人在文明社會當中只能做奴隸、降虜或者編戶齊民，在受保護的情況下才能存在。換句話說，在秩序輸出已經有大量的盈餘，不僅能夠保護秩序生產者本身，而且還可以保護很多閒人的情況之下，膽小怕事的人才能夠生產下來。

最初的階級分化並不是像馬克思主義者所說的那樣是圍繞財產展開的，而是圍繞戰鬥力展開的。強者除了保護自己以外還能保護其他人，這時就產生了被保護者和依附者。往往是奴隸，後來又出現了更多其他的名目，比如說編戶齊民之類的，但是本質上都是依附者。依附者可以膽小，統治者必須勇敢。

最初跟猛獸生活在一起的原始人類是容不下膽小的人的，所有人都必須有相當大的勇氣才行。換句話說，他們具有全體都是統治階級的素質。在近代，也就只有美國殖民地開拓者、瑞士山民、西部拓荒者這些人，才出現了這種接近於全體人口都是統治者的情況。舊大陸就有很多地方，統治者是少數人，甚至可能只是像突厥人和滿洲人這樣的征服者，而大多數人口反而是依靠別人保護的費拉。

但是因為宗教傳統和政治傳統的形成，他們可以用納貢的方式買得自己的受保護權。而他們自己的宗教信仰和文化傳統等於是提供了一個信用證明，讓征服者可以放心這些降虜答應了投降和上貢就會真正踐行，從而保證了雙方在不平等

阿姨教我的 25 堂人生課

Lesson 22 ▶向自然界學習教育法則

優秀的教育者是一個懂得尊重自然的人，不能固執己見，自己原先的設想必須隨時修定。看到花園裡面長出來的東西有點像樣，即使那不是你原來想要的東西，你也要好好培養。看到某一些看上去像是雜草的東西，下手的時候不能太狠太早，因為有很多美麗的蝴蝶在年輕的時候不也都是很像毛毛蟲的嗎？

的情況之下能夠同時生存下來。只有在這種情況下，膽小怕事的人才可能變成人口的大多數。

Q153．如果一個人只有把自己出賣給魔鬼才能打敗他的敵人，他該如何選擇？

所謂「出賣給魔鬼」，一般來說就是意味著你必須降低你的價值底線，越過底線以後，你就比堅守底線的人獲得了更多的行動自由。但是與此同時，你已經被你所採取的手段綁架了。你的行動已經改變了你所在的生態環境的遊戲規則，而這個遊戲規則會反過來落到你自己頭上，原有的底線從此以後就不能再保護你。

大概率的事情就是，你因為越過了底線獲得了暫時的優勢，然後你周圍的其他角色也會跟進，用類似的方法來越過底線，從而抵消你原有的優勢。然後在這個螺旋下降的過程中間，所有人最後都會成為輸家。而最先越過底線那個人，很可能會最先耗盡他的資源，而被後來的人吃掉。通常情況下，這場遊戲沒有真正的贏家，暫時的勝利是以預支未來為代價的。

Q154．人懶該怎麼辦？

那就是說你的興趣點還沒有出現，你還沒有找到契合你內在興趣點的那個岔路部分。等那個岔路部分出現的時候，你就不會產生出是不是懶或者是不是累這種問題。

一個會覺得自己懶或者會感覺到累，那就是說他所做的事情對他沒有真正的吸引力，所以他隨時隨地都要斤斤計較，計算一下這件事情值不值得做下去。如果是你真正感興趣的事情，你就會像是小孩子玩泥巴一樣，完全不把這件事情當作一種工作，自我陶醉得一直玩下去了。

Q155．能否具體闡釋一下可以維持的人際關係和德性之間的聯繫？您對性格孤僻的人有什麼建議？

物以類聚人以群分，你會交往到什麼人，有一半是由你自己決定的。所謂的「你自己決定」，有些是你個人的東西起作用，但更多的是你自己的階級出身給你遺留下的各種痕跡。

人在有些方面跟昆蟲差不多，是由外激素或者其他什麼自己都沒有意識到的資訊來指引的。你如果喜歡某一個人或者跟某一個人在一起的時候特別沒有戒心，那很可能是因為你事先就通過某種管道接受了他的相當於外激素、資訊素這樣的東西，但自己都還沒有意識到。你事後通過理性總結的原因不一定是真正原因，甚至可能多半不是真正原因。

這些東西往往可以通過不見面的方式，例如你經常可以通過只聽到聲音就覺得某些播音員的聲音順耳，另外一些播音員的聲音不順耳，甚至是只通過語言、書面的材料，就直覺感到某些作家的作品比其他人的作品符合你自己的口味，諸如此類的東西。資訊素是極其複雜的，你不用妄想把它們弄清楚，只能根據自己的感覺。

如果你自己強行制定的培養人際關係的方案跟你自己的先天條件——通過各種各樣的資訊素指引你走的那種方向不符合，那你多半不能成功，因為你處在一種內在的分裂狀態。一個人要強行跟自己的本性作對，多半是要失敗的，所以最好的方法就是順著自己的本性走。你以為是你直覺或者本能指引給你的那些東西，多半就是你稍加修飾和小範圍的技術性改進以後最應該採取的實際策略。

太聰明的馬基維利主義者，像弗蘭西斯·培根那種人，很容易提出太高明的交流方案或者說是設計政治聯盟的方案，但是這樣的方案恰恰是最不實用的，它完全忽略了人和人之間的本能的親和力。如果你不是那種類型的人的話，無論你政治上或者是人際上跟他結盟是多麼有利，但是實際上你跟他接觸的結果多半是不但不能形成聯盟，反而會形成各式各樣的衝突，本來想要交朋友的反而交了敵人，這是沒有辦法的事情。

所以，不是門當戶對不要結婚，不是階級和口味匹配的話，也不要交朋友，大致上就是這個樣子，否則即使不是適得其反，也是事倍功半。如果一個人性格孤僻，那你就要考慮，你到底真的是性格孤僻呢，還是你所在的微環境跟你自己的先天條件不匹配。如果是不匹配的話，你就會以為自己性格孤僻，實際上是你碰上的人都不是你應該找的那些人。

Q156．面對發展程度較高地區（例如吳越、閩、粵）的人的歧視，採取什麼樣的態度和心態比較合適？

我的印象是這樣，就是越是水準高的人，越是從個人角度來看問題的；越是瞭解情況的人，越是從個人角度來看問題。你需要歧視，那就是說你是從集體角度看別人的，也就是說，要嘛你自身的層次不太高，必須依靠集體來維持自己的符號自我；要嘛你對你的對象不是很瞭解，所以只有用大而化之的一般性概括的方法來瞭解。

照托克維爾的說法就是，上帝是不需要一般性觀念的，因為祂無所不知，對所有的事實、所有的人都瞭解得一清二楚，每一個個體的特點都是清楚的。但是人沒有那麼高的智慧，你只有用一般性的觀念，你只能說，美國人如何如何，日本人如何如何，那是因為你不瞭解具體的和個別的美國人和日本人。假如你有某個具體的美國朋友或者日本朋友，你肯定會說，詹森先生是如何如何，查理斯是如何如何，或者是細川先生如何如何。

Q157. 關於快樂，您怎麼理解，怎麼做一個快樂的人，是不是知道的越多，反倒痛苦越多？您快樂不快樂？一個人說我想做一個快樂的人的時候，又是因為什麼？

快樂就是嗎啡類物質在大腦裡面分泌出來的時候，它注定是非常短暫的。如果你經常快樂或者不斷快樂的話，那實際上效果跟吸毒是差不多的，大腦的閾值會越來越高。也就是說，你下一次需要提高刺激強度，就像是有鴉片煙癮或者有海洛因癮的人，劑量必須不斷增加。越來越增加，最後把整個神經系統搞到崩潰。

痛苦的價值是非常明顯的，而快樂基本上起的作用都相當於給拉磨的驢子前面放一個胡蘿

阿姨教我的 25 堂人生課

Lesson 23 ▶ 知識的意見分歧勝過取得共識

只有意見分歧，盡可能地提出各種不同的意見，哪怕這些不同的意見中間絕大部分是荒謬的，一百萬個荒謬的意見中有一個新奇而不荒謬的意見，就已經達到目的了。這就是百家爭鳴，可以深化各方的理論體系，把盡可能多的意見提供給公眾。

蔔。例如像性交或者其他事情，短暫的快樂的釋放，背後都是意味著後面有一個非常艱難而複雜的任務要你去完成，所以才會用這個東西來做胡蘿蔔，引誘驢子前進。

你不可能一直都有胡蘿蔔，一直都快樂。如果一直都快樂的話，這個快樂很快就會殺死你。阿卜杜勒．拉赫曼說，他做哈里發做了幾十年，總共只有十四天的快樂時間。我不知道他怎麼能夠計算得這麼精確，但是毫無疑問，快樂只是一種星星點點的東西，而且它的背後隱藏著極大的危險。以追求快樂為目的的人生是凶多吉少的。

Q158．我是有無限時間、無限自由的閒人，比起名垂青史，寧願去換取今生幸福，您有什麼建議？

追求幸福的人從來都得不到幸福，差不多這是一條很固定的真理吧。能夠得到幸福的人，對於他們來說，幸福是一個額外的副產品，是在無意中得到的，而且多半是在時過境遷的時候才突然想起來，在那一段時間你其實是幸福的。多半幸福是你征服某件事情或者是做某件事情的時候出的一個副產品，你做這件事情的過程中間，多半需要有克服困難、克服障礙之類的現象，然後事後你才會覺得幸福。

如果你一開始就把追求幸福設定為自己的目的的話，那你幾乎不可避免的要降低標準，走向一種軟綿綿的生活。實際上你選擇了這種生活方式，這種想像中的幸福就會操縱在別人手裡面，因為你會害怕別人或者是其他什麼外界因素會干擾你的幸福，因此你就等於是違背了求戰者安、求安者亡的道理。

Q159．我父親癌症快不行了，你能安慰安慰我嗎？

哲人學究型的台詞安慰不了人，更像是一種傲慢的自我表現，彷彿就我認識深刻你們都看不開似的。安慰就不是講理，講理安慰不了人。在人生哲學上追求高明，結果不是高明而是冷酷。

我認為如果真要安慰，只有兩種可靠的方式。第一就是宗教的安慰，第二就是像傷心的孩子一樣痛哭。總之，千萬不要談人生哲學。最末，祝一切都好。

Q160．人死後究竟會是怎樣？萬事皆空還是轉世投胎，七十二個處女？天堂地獄？到底會怎樣呢？究竟是什麼情況呢？

有一位撒克遜的祭司曾經對他的酋長說過這樣一段話：什麼是人？人就是窗外的一隻小鳥飛進了我們所在的這個房間，然後又從另一個視窗飛出去了，我們只看到它在房間裡面飛過這一段，它飛進房間以前是什麼樣子，飛出房間之後是什麼樣子，我們都不知道。

11

這樣做，一定可以成為土豪小狼狗

Q161．一個人如何瞭解自己？

你沒法瞭解自己，就像眼睛看不見自己的眼睛一樣，你只能通過鏡子來看到自己的眼睛。世界就是你的鏡子，你瞭解了世界，也就瞭解你自己了。

Q162．我不知道目前應該做什麼，阿姨覺得我該怎麼辦？

一個人想要做什麼是不能問別人的，別人怎麼能知道你內在的衝動是什麼呢？人肯定都有內在衝動，如果自己居然沒有感覺到內在衝動，想要去問別人自己應該做什麼，那就說明，你現在的環境像是很重的塵埃落在桌面上，把桌面本來的色彩都遮住了那樣，你的生活環境大概已經給你——像是佛洛德所謂的「超我」一樣——強加了很多本來不屬於你，但是你卻覺得有義務維護的東西，然後這些東西遮住了你的本性，以至於你連自己的欲望都發現不了。

你首先要把桌子上的灰塵擦掉，發現自己真正的欲望在哪裡。這個本來應該是不成問題的，因為凡是生命都有欲望，人總是有欲望的。發現自己的欲望，這是做人最根本的東西。有了這個欲望，確定了欲望的方向以後，才能談其他的技術性問題。你想要什麼，你真正想要的是什麼，不是說你的家庭和你周圍的那些人強加給你，讓你以為你應該如何如何的那些東西。

Q163. 要如何認識到、觀察到究竟什麼是自己的天命？

這個當然要靠啟示。波赫士曾經有一篇文章寫道，高喬史詩中的一位英雄原本是軍人，後來當了員警，在小公務員的職位上熬了很久，似乎也很正常，似乎這跟他自己的資歷也是非常一致的，直到有一天他在草原上追捕一個逃犯的時候，發現一大堆人跟那個逃犯打起來了，以強淩弱，以眾暴寡，顯得很不公平，而那個逃犯在絕境中仍然英勇奮戰，真不愧是一個男子漢。

他的衝動突然降臨在他的身上，他拔出馬刀高叫道，這樣做不是男子漢的作為，你們太欺負人了，然後他就站在了那個逃犯一邊，跟那些追兵打起來了，最後和那個逃犯一起逃亡。這部史詩後來變成了阿根廷文學的經典，是阿根廷人人都知道的。波赫士就用這個例子來說明，一個人是通過什麼方式認識到自己的天命的。

Q164. 階級弱點是否可以克服？畏懦心態的人要使內心充盈，銳且持久，給人逼格高的感覺，有什麼可以做的？

很難。偽裝是件成本很高的事情，只能維持極短的時間。一般來說，習慣偽裝的人都會懦弱，在其他方面付出比得到的利益更大的代價。世界上沒有免費午餐，這也是其中之一。

實際上，你要給別人造成某種印象，最好的

Lesson 24 ▶了解「財富」的真正意涵

真正的財富，只是「秩序」的附屬品，它指的就是你所在這個秩序能夠安全覆蓋到的維度。從這個角度來看，理論上只是在多層次的財產結構中間享有一個層次的部分經營權的封建領主，或者哪怕是他手下的佃農，他們擁有的財產權，比近代的資本家實際上更加鞏固。

辦法就是，你要讓自己真正變成那種人。偽裝的話，實際上像熱力學第二定律一樣，總是成本高而收益低的。你在這一個點上獲得收益，在其他地方會以其他方式漏出去的。

Q165. 當有人在言語或行為上得罪您，您會採取怎樣的博弈策略來確保自己有心理優勢？

首先你要掌握好歧視鏈，搞清自己在歧視鏈的哪一個位置上，然後你就只掐歧視鏈上低於你的，對高於你的你就不要去掐，這是最根本的問題。其次就是要搞好成分論。我認為講究成分論，但是不講究唯成分論。

也就是說為了廉價正確起見，家庭出身不好的人，屬於匪諜和翻身農奴的，先把他剔出去；但是重在表現，就是說這種人的家庭中間也有極少數好的，只要他們的表現是好的，雖然是出身於匪諜和翻身農奴的家庭，也可以給他以極少數的例外，但這是特例，一個一個的甄別對我來說太累了。

判斷家庭的一個最好的辦法就是看名字，比如說張衛東、李文革、李援朝、董建華、胡頌華這類的名字，一看就知道不是匪諜就是翻身農奴，否則的話他怎麼會把東、華、革這些字放在兒子的名字裡面呢。我認為言語和行為是非常不同的兩件事情，不能夠一概而論。

言語上的問題，如果你居然會被別人傷害，那就是說你事先沒有選好歧視鏈，而且你對自己所說的話也沒有充分自信心。如果你對你自己說的話有充分自信心，那麼別人是傷不了你的；或者你在選擇攻擊對象的時候，精確的選擇了歧視鏈低於你的人，那麼他不可能傷到你的。

無論瓦罐碰上了鐵罐，還是鐵罐碰上瓦罐，碎的一定都是瓦罐，也就是說無論是誰碰誰，一定是處在歧視鏈較低位置的那一方受到傷害，絕不會是處於較高那一方的人受到傷害。

但行為上，那完全是另外一回事，適用於語言的問題不能適用於行為。對於行為來說，心理優勢是件基本不起作用的事情。最簡單的策略就是重複策略，就是說，你只需要不動腦筋的重複對方採取的策略就行了，不必設計過於複雜的策略。過於複雜的策略即使能夠提高效益，但必定會提高成本。

最可靠、最不需要動腦筋、又適用範圍最廣的策略，就是一報還一報的策略，你怎樣對待別人，別人就怎樣對待你，反過來說，別人怎樣對待你，你也可以怎樣對待別人。這裡面唯一需要一點技術含量的，就是你要確定相互之間的認同關係，也就是說你要確定你們雙方是屬於同一共同體、陌生人還是敵我關係。確定了這一點以後，重複策略就沒有任何技術困難了。

Q166．如何堅定自己的信心？

你不做，永遠不會知道你的信心是真的還是假的，這個事情就像是沒有性交的人永遠不會知道你會不會陽痿一樣。要游泳，你總得要下水游一游，然後根據相應的回饋才能確定自己的信心。這一關是你繞不過去的。你只有做了以後，才能夠區分真實的信心和虛假的信心。

以後的各種修行，都是要通過操作，在動態平衡中間不斷掌握的。等於是把一個波動性很大，包括了若干正回饋的體系，逐步地變成一個波動性很小，絕大部分都是負反饋的體系。這個體系的磨練是需要人和環境的互動的，不能光靠想，你越想就越亂。

Q167．如何在對未知事物的恐懼的情況下做出決斷？

很簡單，把危險放在你的正面，不要放在你的後面。如果不確定危險在哪一邊，就把未知危險可能性最大的地方放在你的正面，而不要放在你的後面。如果你的神經不夠堅強、不足以面對危險所需要的壓力的話，那你就可以得出結論說，你是屬於那種被捕食者的類型，根本就不應該把自己放到未知的環境當中去。

處理未知環境是高階級和領導者階級的特權與特殊責任；不能面對未知，只能在已知的軌道上聽人指揮，是被統治者和下層階級的特徵。這樣的話，你就把你自己天生屬於什麼階級給鑒定出來了。

Q168 您如何看待「社會公正」這種觀念？

「社會公正」顯然是一個很壞的詞。它是把天生的下等人和天生的上等人放到了一個人為製造的同等條件上，把他們之間相互配合、相互彌補對方缺陷的機制給消滅了。人和人之間，能夠承擔風險、預測未來，有多長的時間線、多大的遠見、多大的責任感，比例是非常不一樣的。就跟不同人的體育成績和勇敢程度相差很大一樣，等級的差別是非常大的。

自然而然形成的分布必然是具有各種檔次的，然後會把土豪性格比較強的人推向大地主大資產階級的位置，使他自然而然地成為社會的凝結核。所謂的「社會公正」把它拉平以後，實際上是促使整個社會的組織度退化了。組織度的退化和德性的退化是一致的，將所有人都變成那種一切責任歸屬於社會的得過且過性質的人。

由這樣的人和這樣的組織構成的社會，自然而然會是一個高風險、高焦慮的社會。穩定的社會其實是由多層次組成的，而多層次當中所謂的德性比較高的人，所占的比例是不能太高的。

Q169．我追求勇敢，卻不知道什麼是勇敢，尋找真理，卻不知道什麼是真理。您能否教教我？

勇敢就是明知道要有危險有代價，但是仍然沉著地去面對這些危險和代價。勇敢這種品質的習得，一般是要經過反反復復的。最初是在僥倖的情況下指望不付出代價就能夠勇敢；然後轉為怯懦，害怕再一次付出代價；然後再變成沉著的勇敢，明知付出代價但是仍然要勇敢，只是考慮在技術方面如何盡可能地少付出代價。經過這樣一層一層的磨練，勇敢的品質就漸漸產生了。

真理對人是有天然的吸引力的，就像是追求光明和溫暖一樣。你只有在一個病態社會中遭受了各種各樣的打擊，才會恐懼真理。如果是自然產生出來的一個比較健康的社會的話，那麼從兒童時代到成年，熱愛真理的品性是會自然而然發揚起來的，跟勇敢連在一起，兩者之間璧合無間。只有經過反反復復的摧折，好像是一次又一次被打斷骨頭以後，漸漸的腿就重新長不上來了，然後就一輩子只能趴在床上了，這種情況其實是非常人為、非常不自然的。

但是即使是這種人，也是隨時隨地暗中羨慕那些能夠下床走路的人，羨慕那些可以大膽地追求真理的人。如果你要想知道什麼是真理，只需要問自己的內心就行了。人也許得不到高純度的真理，但是對不同程度的謊言一定是有鑒別能力的，他肯定知道某些人比另一些人誠實一些，某些事情比另一些事情純度更高一些，某些人說的話比另外一些人說的話更接近於真實一些。

Q170．請問我如何化解自己身上的欺軟怕硬、勇於私鬥、怯於公義的奴性心理？奴性心理是否有其生理學方面的基礎？是否可以通過信仰基督教在一定程度上來化解我的奴性心理？

心理問題很少是純粹心理的，其中有一部分是被十九世紀末期政治不正確的學者們稱之為「種族記憶」的那種東西。這種東西是存在的，但是跟狹義的種族可能沒有什麼關係，跟子宮和產生你的那個家系在歷史上所遭受過的淘汰有一定的關係，所以有一部分是你沒有辦法改變的。

你能夠改變的那部分，實際上是達爾文運算對你從童年到青春期這十幾年之內接受的博弈機制和無形的獎懲結構留下的一個路徑積分，它並不是你受了什麼可以用意識體會到或者總結出來的心理訓練就能夠輕易學到或者輕易改變的東西。

你的行為模式是，在歷史上，包括產生你的那個家系、你在子宮當中接觸的各種激素資訊以及你生命前半截——至少是前三分之一接受的各種刺激形成的獎懲結構，通過篩選形成的。它之所以存在就說明，在我剛才描繪的那一段路徑積分當中，上述的行為模式是有適應性的。

當然，如果你以後經歷的環境跟上述的路徑積分假定你會經歷的環境不一樣，那你的處境就

阿姨教我的 25 堂人生課

Lesson 25 ▶財產必須分散投資

除了把錢財轉到英語系國家、使用普通法系的國家之外，還需留意：一要投在盈利機會不大，但是非常穩妥的項目，例如美國國債和房產，可以保證長時間保值；二要用在升值可能性大，在未來投機機會比較大的項目上，例如用在日本的軍火公司和精密器械製造產業上面。

像是一隻北極熊突然被放入了熱帶一樣，但是在這種情況下，它或者你多半都不能夠僅僅因為你的環境改變或者是僅僅因為你有意識地意識到了環境改變而迅速地脫去自己的皮毛。

皈依本身是多層次心理結構的一次突變，像地殼結構的突變一樣，會把原先形成的層次結構打亂，湧出些新的東西來。但是即使是這樣的話，也不代表原先的歷史可以完全取消。

Q171．什麼樣的時刻能證明自身的武德和勇敢？

勇氣跟武德不同，勇氣多半是先天的，至少有先天的成分在內。在自然選擇還能夠發揮作用的文明產生以前的原始部落和社區當中，有勇氣的家族一般是世傳的，勇士的兒子當中出勇士的可能性要大得多，其他的品質也有一定的遺傳性。

如果勇氣有一定的生理依據，例如它像是性交時勃起的時間長度一樣，涉及到很多激素的水準、血管的張弛度、細胞受體的多少之類的話，那麼這個假設就會是非常合理的。

但武德不一樣，武德是修養的一部分。像日本武士所說的那樣，農民和武士對危險感受最初是一樣的，但是武士能夠面對危險，面對自身的恐懼，適當的管理自己，做出適當的表率，而農民就沒有這樣的義務。

Q172．如何培養能力和動力？

我自己的感覺就是，能力是你在做事的過程中間上帝賦予你的，不是你的能力。就好像是，工錢是老闆給你的，不是說獎給你的，而是獎給那個做工的人。你不做工，那工錢就沒有。你不做的話，能力就沒有。

我不是在說別人，因為別人的感受我感受不了，就是說我自己。你要是說二〇〇九年以前有人說你將來會做出你現在做的這些事情，我第一個不會相信。你知道我為什麼會寫這些書嗎？就是因為我最初的時候只是想誘惑一下那些蛋頭們，像秦暉他們那些人，讓他們把他們的洞補上。

人一旦做起來以後，實際上你自己就會考驗出來你所做的事情是不是符合神意的，因為你在做不同事情的時候能夠喚起的潛在力量是相去極大的。如果潛在力量大到超過你對自己的實際預測和你自己正常的規律，那就只能是解釋成為神意了。有些事情是要發生了才會知道的。我以前也是這樣的，就是說想要什麼都計畫好了，但是最後我發現實際情況不是這樣的。不是你的知識引導了行動，而是行動給你帶來了知識。

Q173. 正義的人如何在不正義的世界過活？

正義是什麼？正義規則是路徑積分的總和。你什麼也不做，當然會覺得世界規則是不正義的。你做了以後，自己去伸張你的正義，然後你所伸張的正義就在路徑積分中加了一個積分，然後世界的法則就會更接近於你心目中的正義法則。

這個是實現正義唯一的手段，除此之外都是沒有用處的。你想得越多做得越少，事情就越糟糕。想多少就做多少，隨時隨地把自己的正義規則灌注到世界當中，又根據世界的規則修正你自己對正義的看法，這個才是比較健康的做法。

Q174．如何維繫傳統？

傳統是你自己製造出來的，或者是你自己選擇和維護的。有傳統，自然就會有繼承人。如果你建立不起傳統來，卻想著生物學意義上的繼承人，那麼妓院裡面的妓女和嫖客生下那麼多私生子，他們生物學上的父親能夠去找他們索取待遇嗎？恐怕如果真的找到了，會被那些私生子活活打死。

對生物學上的繼承性看得很重，這實際上是費拉階級經過多次大洪水滅絕形成的下意識的恐懼。但越是這樣恐懼，就越是會遭到這樣的結果。凡是有傳統的人，例如像是日本那些武家或者羅馬元老的世家，不可能沒有繼承人的，但這個繼承人倒不一定是它的生物學上的子嗣，更有可能是被它創立的政治傳統吸引過來的人。你只要是有德性的人，你輻射出去的秩序不可能吸引不到人。

就像是，凡是有點暖氣的地方，哪怕是汽車的散熱板，在冬天都會吸引來一些小貓小狗一樣。這個過程是自然而然的。只要一個人公正、勇敢、有智慧或者在任何一個方面稍微有點特長，不可避免就會在他周圍形成一個諸如此類的小圈子。哪怕是中學生或者小學生，特別擅長於集郵、體育或者收集唱片的學生，都會自然而然形成這樣的小圈子。這樣的東西稍微升級一點，就是你要的那種傳統。

也就是說，傳統本身就是桃李不言下自成蹊的。你不應該把蘇東坡理解成為一個吃東坡肉的人，吃東坡肉是成不了蘇東坡的，蘇東坡是因為寫了詩，變成了名詩人，所以他順便吃了肉都對其他人有一些吸引力。如果你是一位有德性的秩序輸出者的話，那你什麼樣的繼承人都會有的。如果你沒有輸出能力，卻一心想著要去尋找繼承者，那就等於說是自己沒有錢、卻一天到晚想著有錢人會借錢給你一樣不可能。相反，你只要有錢了，就不愁沒有人主動拿錢來借給你。

Q175. 想做土豪，想有一批人跟隨我，需要怎麼做？

勇敢和公正，只需要這兩者就行了。能夠勇敢，讓敵人怕你；能夠公正，讓自己人服你，你有這樣的能力，自然而然會有各種人湊過來。不要做濫好人，濫好人沒有公正，為了讓別人追隨他或者說他的好話，他甚至會犧牲自己合法的利益去討好那些假定的追隨者，這樣做的結果恰好會使他眾叛親離。

人類最基本的法則是最古老和最長久的，就是要堅持原則。不要用不公正的利益去收買別人，這樣反而使你無法統治他們。你用嚴厲的公正去懲罰別人，得罪的是少數，贏得的擁護是大多數，即使是被你得罪的少數，內心深處也還是贊同你的，你的威望會因此不斷增長。你可以嚴厲而公正，也可以仁慈而公正，但是如果你喪失了公正，你無論如何不可能得到長久和穩定的擁護。

如果你的公正沒有勇氣的支持，那麼你最多是一個伊斯蘭教法學家或者儒生，只能在環境非常安全的情況下積累一些像大學生崇拜老師、粉絲崇拜輿論領袖那樣的人，過不了真正的考驗。你還必須勇敢，能夠為你的追隨者打敗他們的敵人。有了這兩者，你才能夠坐得穩土豪。如果坐不穩的話，一定是兩者之一出了問題。

Q176・為什麼說在節點上的選擇非常重要？

你知道，演化系統中間的差值是只需要一點點的。比如說原始的可以馴化成狗的那種野狗可能有一點點差異，一種狗對皮膚撫摸的敏感性高，一種狗對皮膚撫摸的敏感性低，假定有一種狗比較喜歡人摸它的皮毛，而另一種狗比較不喜歡，這一丁點差異就可以決定牠們以後的差別了。就會有一種野狗會變成人類的家犬，分化出無數的各種各樣吉娃娃之類的賣萌裝可愛的品種；另一種狗最後會發展成為野狼式的生物。

在節點上面只需要差這麼一點點，最後的分化就會非常之大。你有沒有看過基斯洛夫斯基的電影？他有一個電影大概是這樣說的：有一個人有三種不同的命運，就因為他趕一趟火車的時候有沒有誤點。因為有誤點和沒有誤點的差別，他有三種不同的命運：在一種情況下入了黨，在另一種情況下變成了反動分子，在第三種情況下變成了一個平平凡凡的技術人員，娶了自己心愛的姑娘。這三種人生在開始的時候差異只是因為有沒有趕上火車，在結束的時候就是完全不同的人了。

有很多人都體驗過這種節點差距。像很多人是一輩子後悔在一九四九年邊境還沒有封閉之前怎麼沒有逃到香港去，其實就是這種故事。這一點上，你沒有辦法預測一點點差異會產生多大的影響，但是你只能夠想像到，有些細節性的差異以後會不斷放大。

Q177. 在生活中可以從哪些方面看出一個人的德性高低？階級地位和經濟狀況是不是主要的參考指標？

肯定不是，德性跟經濟狀況並不成正比，英國的小地主肯定比倫敦的金融家德性要高得多，儘管後者肯定比他要有錢得多。德性這個東西，主要取決於你能夠維持的關係的數量，和你通過這些關係塑造的可以相互信任的共同體的強弱。如果你的德性強，那麼你自然而然的，就像是燭光吸引飛蛾或者是蜜汁吸引蒼蠅一樣，會吸引很多人來投靠你。

用市場經濟的術語來說，就是說因為你的信用記錄好，願意借錢給你的銀行特別多。當然這個原理其實不僅僅限於經濟方面，如果你信用特別好的話，那麼即使你是個不識字的人，像張作霖那樣，就是因為你說話算話、有擔當，就會有很多人願意奉你做大哥，你說話，他們會願意相信。如果你又怯懦又卑鄙，經常說話不算話的話，即使你學問很大、錢很多，也無濟於事。

Q178. 從一個人的言行舉止和外貌能否做出德性高低的判斷？您提到內心奸猾狡詐的人會整日惶惶不安，能否再舉幾個例子？

那是古人，包括希臘羅馬人和周人，對德性的看法。這個看法是帶有明顯貴族主義特點的，意思就是：德不稱位，你就會本能的感覺到不安，在你不能勝任的位置上，你會看到四面八方都是威脅，內心會充滿恐懼；而德稱其位的人，他處在自己能夠勝任的位置上，他的一舉一動和表現必然是非常自信的。

處在高位，好像是如魚得水，這就是說明他本來就配得上高位；而不配得上高位的人突然處在高位上，自然而然的就會表現得非常惶恐不安。像荷馬史詩裡面就許多這樣的場面：像阿基里斯這樣的武士，如果出戰的話，就像是如魚得水一樣，走到他的合理的位置上。

Q179. 您如何評價德性？請您推薦可以指導「德性」的書。

德性是不可以學來的。認為德性是可以學來的，這已經是文明進入非常晚期的現象了，那也就是漢儒以後才有的觀念。春秋時代或者更早的時代，大家不會認為德性是可以通過書本學來的，甚至這種想法就是非常可笑的。

等到德性被完全解釋為道德，是可以通過修身養性甚至可以單獨通過書面閱讀來學到的時候，你學到的東西就不但不是德性，連普普通通的道德都算不上，十之八九會變成類似宋明理學那種東西。

唯一有效和真實的部分就是鍛煉記憶力那些部分，涉及實際生活的部分，主要是要麼暴露你自己的迂腐，要麼會暴露自己的虛偽。

Q180. 如何能避免自己接觸到無產階級？遇到流氓無產者時該怎麼辦？

無產階級是不知進退的。紳士必須對紳士和無產階級予以不同的對待，使他們知道自己是誰。對流氓無產者當然是要使用他能夠懂得的語言，這種語言是包括武力的。使用了以後，事情會變得簡單的多。如果你猶豫不決或者是反反覆覆，沒有一個堅定和穩定的立場的話，他就會不斷黏上你。黏上你以後，他不會認為你好，而會借機占你的便宜。

手段之一就是倒打一耙，把你對他的恩惠反過來說成是一種罪惡。相反，你如果一開始就用手杖打他，他就以為你已經認清他的真實身分了，對你的判斷力十分佩服，以後他要麼是不敢來招惹你，要麼就會乖乖服從你。你願不願意跟流氓無產者接觸，這是取決於你要不要利用他。

Q181. 缺德之人如何止損，讓自己吃相不要太難看？

通過堅強的意志力克制自己原有的生活習慣，這一點的難度，恐怕比你在考托福的時候接受的英語訓練還要更加困難一些。吃相主要是階級的問題，一般來說它體現你在十五、六歲左右的階級地位，人的行為模式絕大多數是在這個時間段以前基本成型，以後，如果不是刻意為之的話，就很難做太大的修正。

所以法蘭西斯·培根就曾經說過，義大利人強調說，養孩子的時候不能給零花錢給得太少，否則讓他們挖空心思去為一點點錢鬥心思，結果長大了以後也就變得性格不好，太貪吝，跟貴族和紳士的身分不相稱。

其他還有許多種關於家教的道理，跟這個關係不直接，就不講了。總之這裡面起核心作用的就是階級問題。當你有機會提高階級地位的時候，很有可能因為原來在較低階級形成的習慣，把你自己重新拉回來，因為你的習慣跟你現在所處的階級環境已經不適合了。

改變自己原有的階級習慣，用較高階級的習慣來替代較低階級的習慣，有很多種辦法，最簡單的一種方法就是宗教信仰，宗教信仰是使你的視角抬高到上帝視角、擺脫你自己所在的那個比較低比較狹隘的小環境的最直接方式。

赫胥黎是自由思想家，但他也強調，對於階級地位比較低的人來說，如果不是從小閱讀聖經的話，自己簡直就不知道除了鄉里以外還有天下之大、世界之廣。層次比較高、階級比較高的人有很多方法瞭解到世界的廣大和歷史的悠久，但是階級地位較低的人來說的話，聖經差不多是他們唯一能夠做到這一點的途徑。另外還有其他許多種方式，但是需要的必要條件都是，你必須要有相當於是嚮導或者是領路人的角色，必須要對你自己的生活微環境進行細節的調整。

番外・阿姨與阿姨學

Q182・您覺得自己是一個怎樣的人？

我覺得我就是很像馬基維利。我能夠從技術角度去分析權力本身，把價值暫時放在一邊。在這裡面體現的是一種智力上的虛榮心，就是說我能夠分析出你們分析不出來的東西，你們光講價值判斷是看不清楚這裡面的各種ＳＭ學的。我覺得其實我並不是研究英國史有什麼特長，其實我真正的特長是，我瞭解列寧主義本身，我瞭解得最多的就是我匪本身。

如果說這些東西都可以算知識的話，那麼可以肯定，我知識中間最豐富、最敏感的部分就在這一點。所謂最敏感的部分是指這樣一種心態，是一種史達林式的心態，就是說，假定世界上有各種各樣的可能性，有一種可能性是特別危險、不可逆的，儘管它發生的可能性只有5％或者1％，但是為了對付這5％或者1％的可能性，我要用60％甚至90％的精力去對付它，而其他95％的可能性，我只需要用40％甚至10％的精力去對付就行了。

為什麼呢？因為其他的可能性雖然占了95％，但它都是可逆的，就像是比如說你結了婚還可以離婚一樣，都是可逆的，但是這一種可能性是不可逆的，就像砍掉了你的腦袋再也長不出來一樣。這個不可逆的可能性哪怕只有5％，都要用最大的精力去對付。

你得注意，這種技術一旦體現為實際上的政治行動的話，它至少在外觀上看來跟偏執狂是沒有任何區別的。而史達林那種行為，如果他不叫史達林，又不是國家領導人，只是一個普通人，表現出這種做法的話，十個精神病醫生有八個會覺得他就是一個正在發作的精神病人。

但是精神病人和正常人的區別到底在哪裡呢？精神病人是有一種不同的理性。他不是沒有理性，他的行動是有邏輯的。你說他的邏輯跟正常的常識邏輯不一樣，所以他是精神病人，其實你也只是人多勢眾罷了。

你真的無法肯定，比如說在蘇聯那種環境下，史達林那種偏執狂的性格，隨時都想著周圍人會給他下毒、帝國主義來毒害他什麼什麼的，那種人占優勢的情況下，你平常所謂的正常人就變成什麼樣呢，就變成不可救藥的資產階級分子，最輕也是那種充滿溫情主義的、不夠心狠手辣的小資產階級溫情主義。

對這種人，雖然不是敵人，但是我們要適當地讓你上山下鄉，鍛煉一下，把你的心鍛煉硬，因為你還不夠心硬，不夠做革命的好幹部。就是這個意思。正常人的概念在那種環境中就會得到那樣的定義。

而且你真的很難判斷，假定在史達林那種偏執狂占優勢的一個小生態環境中間，假如你周圍都是這樣的人，你會真正地開始懷疑可能你自己是不正常的。你也會像王實味和許多人那樣，真誠地寫檢討，說我就是不夠堅強，我太小資產階級軟弱性了，受資產階級遺毒影響太深了，諸如此類。他在他那個封閉環境中間，就是我說的那種SM學地下室的封閉環境中間，他寫出這些話很可能是完全真誠的。史達林相信周圍人在毒害他，帝國主義破壞分子在他身邊不斷活動，他也是真誠的。在這方面他不是說是玩弄權術、想嚇唬別人、集中權力，他確實是這麼想的。

你也不要以為，比如說孔丹或者是他附近的某些團體裡面、張木生那些人說的那些亂七八糟的話都是拿出來騙你的，他們也是真是這麼相信的。他們有自成一體的認知結構，這個認知結構在結構的內部是完全自洽的，而且能夠解釋一切現象。而且解釋力，我還可以說，可能比常識邏輯，那種充滿猶疑和懷疑的常識邏輯，解釋力還要更強一些。所以他們是有理由覺得，老百姓的常識邏輯是目光短淺的、看不清楚的，非有他們這些人出來替老百姓做主，要不然你們都會變成傻逼的。

我覺得我是這種人，是能夠營造出一個自己的世界、在很大程度上能夠遮罩外界影響的那種情況，就是說我對孤獨的耐受性是很高的。假定我描繪的剛才那種環境存在，就是說周圍人全都偏執，我覺得我築起一道牆把他們隔離開的能力是高於平均水準的。反過來就不一樣，在需要高度複雜的社交能力——比如說是像十七世紀那些貴族外交官在各國之間穿梭奔走的那種情況，我反倒會適應不了。

我覺得我這種類型特徵有點像是某一種在中國人當中很常見的遺傳類型，這種人適應饑荒環境，他的代謝率特別的低，在挨餓的情況下，餓死的速度比其他人要慢；但是在食物充裕的環境中，他患上糖尿病的速度比正常人要快。我相信，這種特殊品質出現在經常發生饑荒的環境中是有其道理的。

我這種性格就是屬於這種類型。我相信，我可能是經過遺傳篩選的家系的產物。這種篩選產生出來的產物，就好像是某一種豬的產肉量比別的多，但是跑步的速度要比別的慢一樣。產生我的這個家系，或者說產生我的遺傳鏈，可能對於翻雲覆雨的外界波動遮罩能力特別強，但是在比較正常的社交環境中間反而會反應遲鈍而緩慢，就相當於那種特殊的耐饑荒遺傳類型。

我這種類型可能是屬於那種耐心理攻擊的遺傳類型，也就是說，如果我遭到攻擊的話——老實說我頂不住的攻擊是那種暴力攻擊，如果只是輿論攻擊或者是環境改變的話，那麼我覺得比較可能的情況是，我把他們全部遮罩掉，而且即使在只有我一個人的情況下仍然理直氣壯地覺得自己非常正確。

Q183. 您以後會做什麼？

這個真的是無法預見的。現在跟九十年代的情況不一樣，九十年代我剛剛畢業的時候，以為一生會做什麼事情都是很確定的；但是現在的話，我連三年以後的事情都沒法確定，意外太大了，因為我自己和整個周圍的社會都處在節點中。雖然江緒林極力想否認這種可能性，但我對這件事很有把握：我和我周圍的大部分人都有極大的機會，像是在一九三六年的中國人一樣，無論是出於主動還是被動，被整個從自己原有的人生軌跡中撕出來，過上自己原先完全想像不到的一種人生。

會不會給我匪當策士，這是不能排除的可能性，我知道我有馬基維利主義的一種潛在基因，說不定會變成某個看著順眼的派別的軍師也說不定。但也說不定我的節操比我自己以為的要多，在關鍵時刻會莫名其妙地發作起來，這也是有可能的。

我匪是完全不能沾的一群人，我肯定是知道的，但是每個人都有身體習慣，就是說由於習慣養成的軟弱。我看過一個歷史記載，大概就是，大馬士革的伍麥葉哈里發王朝垮台的時候，新成立的阿拔斯王朝想把前朝的王子殺光，這時候有兩個王子——阿卜杜勒·拉赫曼和另外一個王子渡河逃生。這時候追兵喊道：你們回來，皇帝已經赦免你們了，你們可以回來過政協委員那種被包養的生活了。

這時候就有一個王子回去，而阿卜杜勒·拉赫曼是堅持著沒有回去，遊到對岸，逃到了西班牙，建立了他自己的王朝，而留下來的那個王子最後不出所料被殺掉了。

為什麼呢？因為他本來就不擅長游泳。他之所以要逃跑，就是因為征服者的諾言是不可信任的，這一點他完全知道，但他游著游著，好辛苦啊，就忍不住，身體的軟弱占了上風，抱一點僥倖心理，與其游得這麼辛苦，我還不如回去試一下運氣。

西塞羅當時在屋大維通緝他的時候，他乘船逃跑，照羅素的說法，他之所以沒有逃下去，是因為暈船的緣故。這話說起來很可笑，但實際上是很有可能的。在奧斯特利茨戰役發生的時候，你看路易·菲力浦那些人的私人信件，他好像根本沒有意識到大事在發生，都在說什麼他孩子生了什麼病什麼病之類的。石達開之所以沒有及時渡過大渡河，也是因為他新生了一個兒子，決定停下來慶祝十天，十天以後清軍就趕到了，他再也逃不脫了。

所以人，哪怕據說是非常英明的大人物，受到的身體習慣或者說是軟弱性、惰性、習慣性的影響，比我們願意承認的要大得多。我們一般都想像著，我們做出了決策是因為因果分析，分析出來結果我們就斷然去做，其實不是。我們經常會僅僅因為惰性的緣故，就把自己給出賣了。

我也有可能因為惰性出賣自己，比如說有人突然要包養我，而我突然想到獨立生活的困難和在陌生環境中的不舒服的感覺，很可能會突然意志喪失的。比如說在二〇〇九年前，我不確定我一定會離開新疆的。我很清楚，我的惰性很可能讓我一直賴下去。但是如果賴下去、一直待到今天的話，我肯定永遠也不可能走掉了。這時我肯定會運用我殘餘的聰明才智發明一套理由，論證為什麼新疆不可能惡化，還是能夠維持下去，直到大禍臨頭。

我覺得這樣的結果多半是，我會活得足夠長，一直長到新疆的漢人遭到集體屠殺那一天。老一輩人在那時候早就死掉了，但是我估計在那種情況發生的時候我大概還沒死。但是，我很可能出於身體上的軟弱而做出這樣的決定。最後沒有發生這樣的事情，實在是僥倖的因素太多了。我絕對不敢說這是出於我個人的英明，我寧可說這就是上帝大發慈悲拯救了我，用一系列看似完全偶然的現象讓我在最後關頭逃之夭夭了。

今後，照我的圖景來說，其實中國——至少中國也是一個大號的新疆，只是封鎖的程度比新疆要輕一點。比新疆要輕一點，但是又比香港要重一點，但是整個還是在籠中。而它走的這條路線，很可能會使整個中國落到類似的結果。所以我也不知道我最後能不能有足夠的堅定和毅力在最後關頭以前逃之夭夭，或者我最後就乾脆出於懶惰，即使明知道這條道路會不斷地下降，但還是會出於懶惰而採取坐以待斃的做法。

我記得愛倫坡寫過一篇小說，我以前讀過，就是，兩個漁民，兄弟兩個，出海捕魚的時候遇見了海上的漩渦，船要沉了，他們在大漩渦上面不斷地往下沉。其中一個漁民足夠冷靜，看著所有東西下沉的速度。他發現，圓柱形的木桶下沉的速度最慢，而其他的什麼形狀下沉得比較快，船下沉的速度在兩者之間。於是他決定，把自己綁在木桶上面，從船上跳進水裡面。

這是需要勇氣的，跳進水裡面很可能會一下就淹死了，但是他覺得，船下沉的速度更快，而剛才的時候跟船平行的木桶現在已經是高高在上了，最後他還是決心跳下去。他拼命喊他哥哥跳下去，但他哥哥就是不敢跳。最後他一個人跳下去了。過不了多久，轉呀轉呀轉呀，木桶下降的速度很慢很慢，船下降的速度很快很快。最後，他親眼看著整個船被漩渦吞沒，而他自己還沒有被吞沒。漩渦還沒有來得及把他吞沒的時候，風暴就平息了。他漂在海面上，結果遇救了。

我經常想到這一點，就是關鍵時刻的決斷。我覺得我逃離新疆這件事情就是把自己綁在木桶上，跳到了一個下降速度比較慢的漩渦裡面，但它還是在下降。其他還有別的木桶，比我現在的木桶下降速度更慢，但是我就不知道我還有沒有足夠的勇氣和資源再跳一次。我覺得我應該有。有點準備吧，但是能不能夠搞成功，這是大部分不取決於我自己的，而且我對我自己也沒有多少信心。

我覺得我偶然做對了的那些事情，主要是出於我自己不能控制的偶然情況突然對我有利了，可以把它解釋成為是上帝在救我。今後這樣的情況會不會再出現，或者上帝願不願意再救我一次，我就不敢保證了。如果僅僅因為我自己的話，我很懷疑我是不是有足夠的勇氣做出決斷的。

Q184. 如果您出生在美國，您會去做什麼事？還會選擇做學者嗎？

出生在美國，那就沒有我了。你能想像阿西莫夫或者布熱津斯基會出生在美國嗎？像我這樣的人，可以不出生在現在的地方，但是必然會出生在一個族群和歷史極其曖昧而複雜、具有高度夾縫性質的地方。可能烏克蘭西部的波蘭邊境，或者是愛沙尼亞和俄國邊境，或者是克羅埃西亞和匈牙利邊境，或者是在緬甸和泰國邊境的國民黨殘軍的後代當中，也許能夠出現像我這樣的人。

但是唯獨土生土長的美國人當中，是不可能出現像我這樣的人的。一個真正的美國人是不大會去做知識分子的。知識分子這種職業跟馬基維利主義的政治家一樣，要麼你必須是貴族出身，要麼你如果不是貴族出身而完全依靠平民知識分子那一套去玩兒的話，是像陳平所說的那樣，是大損陰德的，不是一個地道的美國人和他那種比較樸素的價值觀和道德觀能夠勝任的。美國的知識分子最好是歐洲人。

Q185．阿姨學如用一句話怎麼表述？

秩序來自混沌邊緣，在冰與火之間，兩邊都是死亡，但兩種死亡是截然相反的，在兩種死亡交錯的邊緣地帶，產生和維持了生命。

Q186．阿姨學提供的各種理論和出路是否有獨斷論的嫌疑？

演化系統中間，對和錯的意義不大，優勢策略和劣勢策略的意義重大。獨斷論是一個優勢策略，這是沒問題的，它在我們已知存在的大多數文明中都是優勢策略。而懷疑主義不是一個優勢策略，儘管它有可能是更正確一些。

辯論會是一種生態環境，但這種生態環境是我一點都不關心的。當我考慮生態環境和邊界條件的時候，我考慮的是文明本身，像蔣介石會不會到台灣那種生態環境。至於你在辯論會上跟你的對手建立起的那個非常人為的小生態環境，其實是有沒有都可以的，我一般從來不把這種生態環境、演化環境當作值得考慮的對象的。

大多數能夠在辯論會中獲得勝利的知識分子，在影響群眾或者影響文明進程中間，是完全比不上一個普普通通的神棍的。所以在我的理論體系中間，對這些神棍我是看得很高的，因為他們的策略具有巨大的演化合理性，比大多數知識分子的策略都有更大的演化合理性。有合理性就是，它是優勢策略，優勢策略跟正確不正確是沒什麼關係的。

◆

阿姨我不想努力了!?
──那些勵志書不會告訴你的人生真相

作者｜劉仲敬
主編｜洪源鴻
責任編輯｜宋士弘
特約編輯｜三馬兄
行銷企畫總監｜蔡慧華
封面設計｜虎稿．薛偉成
內頁排版｜虎稿．薛偉成
社長｜郭重興
發行人兼出版總監｜曾大福
出版發行｜八旗文化／遠足文化事業股份有限公司
地址｜新北市新店區民權路 108-2 號 9 樓
電話｜ 02-22181417
傳真｜ 02-86671065
客服專線｜ 0800-221029
信箱｜ gusa0601@gmail.com
Facebook ｜ facebook.com/gusapublishing
Blog ｜ gusapublishing.blogspot.com
法律顧問｜華洋法律事務所／蘇文生律師
印刷｜通南彩色印刷有限公司
出版｜ 2022 年 7 月／初版一刷
2022 年 8 月／初版五刷
定價｜ 400 元

ISBN ｜ 9786267129449 (平裝)　9786267129432 (EPUB)　9786267129425 (PDF)

國家圖書館出版品預行編目（CIP）資料
阿姨我不想努力了！？──那些勵志書不會告訴你的人生真相
劉仲敬著／初版／新北市／八旗文化出版／
遠足文化事業股份有限公司發行／民 111.07
ISBN：978-626-7129-44-9(平裝)
1. 生活指導　2. 成功法
177.2　111008707

我不想努力了!?